基金项目：国家自然科学基金面上项目"政府购买公共服务
及矫正机制研究"（项目编号：72074100）

政府购买公共服务质量管控体系的构建

Construction of Quality Control System for
Government Procurement of Public Services

徐 兰　张雨婷　刘宏伟／著

经济管理出版社
ECONOMY & MANAGEMENT PUBLISHING HOUSE

图书在版编目（CIP）数据

政府购买公共服务质量管控体系的构建/徐兰，张雨婷，刘宏伟著．—北京：经济管理出版社，2022.3

ISBN 978 - 7 - 5096 - 8355 - 2

Ⅰ . ①政…　Ⅱ . ①徐…　②张…　③刘…　Ⅲ . ①公共服务—政府采购制度—质量管理—研究—中国　Ⅳ . ①D630.1 ②F812.2

中国版本图书馆 CIP 数据核字（2022）第 047279 号

组稿编辑：杜　菲
责任编辑：王　洋　白　毅
责任印制：黄章平
责任校对：王淑卿

出版发行：经济管理出版社
　　　　　（北京市海淀区北蜂窝 8 号中雅大厦 A 座 11 层　100038）
网　　址：www. E - mp. com. cn
电　　话：（010）51915602
印　　刷：唐山昊达印刷有限公司
经　　销：新华书店
开　　本：720mm×1000mm/16
印　　张：12
字　　数：201 千字
版　　次：2022 年 4 月第 1 版　　2022 年 4 月第 1 次印刷
书　　号：ISBN 978 - 7 - 5096 - 8355 - 2
定　　价：88.00 元

前　言

　　自新公共管理运动兴起以来，政府购买公共服务日益成为世界范围内政府提供公共服务的基本手段。我国于20世纪90年代开始尝试政府购买公共服务，21世纪以来，政府购买公共服务在公共治理体系中的作用日益凸显。2013年，《国务院办公厅关于政府向社会力量购买服务的指导意见》中指出，"十二五"时期我国要初步形成统一有效的购买服务平台和机制，到2020年在全国基本建立比较完善的政府购买服务制度。《中共中央关于全面深化改革若干重大问题的决定》进一步强调："推广政府购买服务，凡属事务性管理服务，原则上都要引入竞争机制，通过合同、委托等方式向社会购买。"根据财政部第102号令，《政府购买服务管理办法》于2020年3月1日起正式实施，该政策的颁布也意味着中国政府购买公共服务迈入一个新阶段，该政策从内涵界定、购买主题、承接主体、购买范围、合同履行与监督管理等方面对政府购买公共服务进行了清晰、明确的定义。

　　在国家顶层设计的指导下，北京、上海、江苏、浙江、广东等地开始密集出台政府购买公共服务的地方性法规和政策。笔者通过互联网以及北大法宝等途径对政府购买公共服务政策进行检索发现，截至2017年底，我国已有138个城市相继出台了504份有关政府购买公共服务的政策文件，购买领域涉及养老、教育、城市规划、公共卫生、残疾人服务等。我国政府购买公共服务的力度持续加大，领域不断扩展。

　　然而，相比于国外发达国家的实践成果，我国政府购买公共服务的实践仍然处于摸索阶段，在取得巨大进步的同时，也暴露出一系列问题。例如，2020年6

月四川省达州市一家政府购买下的养老服务机构虚假服务被曝光，工作人员假装为老人洗脚、理发并进行摆拍。此外，部分社会组织专业能力较弱，无法有效承接政府委托的公共服务项目，出现一些服务质量问题与风险。究其内部原因，无外乎以下两点：首先，从主观意愿看，部分社会组织对于政府购买的公共服务的承接与执行并不积极，倾向于从成本—收益和组织自身力量的角度考虑问题；其次，我国政府购买公共服务的实践存在着非常显著的反向嵌入性，即国家嵌入到社会，承接政府购买服务的社会组织大部分具有国家背景。

因此，面对频频发生的质量问题，针对政府购买公共服务的质量管控显得尤为迫切与重要。本书旨在通过构建政府购买公共服务质量管控体系为政府购买公共服务的实践者提供一些质量管控建议，从而使该项政策得以落实与进一步推进。政府购买公共服务质量管控体系的构建步骤如下：首先，在对我国政府购买公共服务现状进行调查与分析的基础上，对政府购买公共服务质量影响因素进行探讨，旨在识别质量影响因素的基础上，对关键质量影响因素以及影响机理进行分析；其次，对政府购买公共服务中的资源配置、关键环节探测与服务承接方选择问题进行研究，旨在为政策管理者提供决策依据；最后，基于以上研究内容，通过政府购买公共服务质量激励机制设计与质量管控机制设计实现政府购买公共服务的质量管控体系构建。

政府购买公共服务是市场化改革、政府提升公共服务质量的重要途径，其质量管控研究迫在眉睫。本书立足中国国情，总结了我国政府购买公共服务的经验与总体情况，通过质量影响因素研究助推政府购买公共服务质量管控，为管理者明确质量提升的具体对象。质量管控决策研究则形成一种支撑力，明确政府购买公共服务政策中具体的购买内容与服务承接方，从而为政府购买公共服务的质量提供保障。质量激励机制与质量管控机制作为质量提升的拉动力，能够通过机制设计来提升政府购买公共服务的质量。

笔者相信，随着我国服务型政府建设的推进以及政府购买公共服务质量管控体系构建的落实，具有中国特色的政府购买公共服务政策将逐渐完善，为我国经济社会的发展与社会主义和谐社会的构建做出更大的贡献。

目　录

1 绪 论

1.1 研究背景与意义

1.1.1 研究背景

20 世纪 70 年代石油危机后，伴随着新公共管理运动、福利多元主义等思潮的涌现，以及第三部门的兴起，政府购买公共服务日益成为世界范围内政府提供公共服务的基本手段。西方国家的政府购买服务不仅形成了分权的多中心治理体制，更是形成了政府与非营利组织等第三部门的伙伴关系的缔结方式。我国于 20 世纪 90 年代开始尝试政府购买公共服务，在全面深化改革的背景下，政府购买公共服务逐渐成为推进建设服务型政府的重要方式。21 世纪以来，浙江、上海、江苏、广东等地进行了大量探索，政府购买服务的范围扩大到医疗卫生、教育、社区服务、社会工作、培训就业等诸多公共服务领域。政府购买公共服务政策精简了政府职能，提高了行政效率，通过从市场上购买物品和服务，推动了政府的市场化改革。2013 年，中央颁布《中共中央关于全面深化改革若干重大问题的决定》，其中强调"推广政府购买服务，凡属事务性管理服务，原则上都要引入竞争机制，通过合同、委托等方式向社会购买"。自此项文件颁布后，各地政府在购买公共服务方面做出了各种尝试。政府购买公共服务的保障类文件也相继出台，例如《国务院办公厅关于政府向社会力量购买服务的指导意见》《政府购买服务管理办法》《财政部、民政部关于通过政府购买服务支持社会组织培育发展的指导意见》等。

政府购买公共服务目前在我国依然处于起步阶段，在购买过程中面临着诸多掣肘与障碍。例如，我国公共医疗卫生领域的市场化改革被判定为"基本不成功"；北京、十堰等地的公交服务由民营化回归政府；多个改革领域出现了"逆合同外包"。政府购买公共服务作为新事物，在改革中也存在较多的制度缺陷以及实践困境，如何保证质量水平也是当前实践过程中的一个难点，较高的服务质量是该项政策得以落地的保障。党的十八大报告提出"要改进政府提供公共服务方式，加强基层社会管理和服务体系建设"。

政府购买公共服务，是政府改善公共服务供给质量、提高财政资金使用效率的有效手段，是社会管理模式的创新。政府在公共服务上"大包大揽"、直接"操刀"的方式发生改变，政府由公共服务的"供应者"转为"监督者"。由于政府角色的转变以及政府购买公共服务具有间接性、公共性等特点，所以在供给服务的整个过程中，常常会发生腐败、异化现象，服务质量问题频发，严重影响政府形象，更影响到政府购买服务这一改革实践的深入推进。

1.1.2 研究意义

本书致力于构建政府购买公共服务质量体系，为提高政府购买公共服务质量水平提供有效的对策建议。

自政府购买公共服务政策在我国推行以来，便受到各地政府以及学者的重视。笔者以"政府购买公共服务"为关键词在知网、万方上检索相关文献发现，有关该项政策的研究多集中于政府购买公共服务的购买边界、购买模式、购买内容以及各地在养老、残障、公共体育等领域的实践探索研究，在质量管控方面着墨甚少。近年来，政府购买公共服务领域的逆合同外包现象的发生以及公共服务风险问题的频发使社会以及政府对公共服务的质量越来越重视。因此，政府和研究者不能仅局限于该项政策的宏观研究，更应加强对政府购买公共服务质量管控的研究。政府购买公共服务质量管控研究不仅可以填补政策领域的理论空白，促进形成完整的政府购买改革服务理论研究体系，而且对加强公共服务质量管控具有较高的实践价值。建立有效的质量管控体系，为建立健全政府购买公共服务标准体系提供了依据，同时为政府形象的提升提供了良好的保证，既具有理论意义又具有实践意义。

1.2 研究内容

为了提高政府购买公共服务的质量水平，防止购买偏差，保障公共利益，构建合理、有效的质量管控体系显得尤为重要。本书主要研究内容阐述如下。

首先，在对政府购买公共服务相关概念、理论基础进行梳理的基础上，通过查阅资料、阅读文献等方式分析我国政府购买公共服务政策的实施现状。总结政府购买公共服务的主要购买内容与购买方式，并以政府购买学前教育服务、政府购买养老服务以及政府购买医疗卫生服务为例进行具体阐述。通过总结政府购买公共服务的现存问题，为下文构建政府购买公共服务质量体系奠定基础。

其次，进行政府购买公共服务质量的影响因素研究。通过扎根理论的开放性编码、选择性编码与理论性编码获取政府购买公共服务质量的影响因素。继而从顾客感知价值角度出发，研究政府购买公共服务的质量传递关系。分别以政府购买学前教育与政府购买居家养老服务为例，利用模糊认知图模型与复杂网络分析方法研究政府购买公共服务质量的关键影响因素。

再次，关注政府购买公共服务的质量管控决策问题。①探索政府购买公共服务中的资源配置问题，以政府购买居家养老服务为实证对象，运用 QFD 方法，对政府购买公共服务中的资源进行合理配置。②运用 GERT 网络对政府购买公共服务质量关键环节进行探测。③运用 IFHG 算子和灰色关联 TOPSIS 法探索政府购买公共服务中的提供商选择问题。通过探索政府购买公共服务中的资源配置、关键环节探测与服务提供商选择，为政策管理者提供决策依据。基于以上分析，笔者给出了针对性的质量提升策略。

最后，进行政府购买公共服务质量管控体系的构建。①双重非对称信息引发的逆向选择、道德风险将影响政府购买公共服务质量水平的提升，因此，设计有效的质量激励机制是构建政府购买公共服务质量管控体系的重要举措之一。②运用三方博弈、复杂网络等方法模型，从学前教育、居家养老等公共服务角度出发进行研究分析，制定政府购买公共服务质量管控机制。③构建了政府购买公共服务质量管控体系框架，对政府购买公共服务质量管控体系的构建对策进行详细分析。

2 理论基础与文献综述

2.1 概念界定

2.1.1 公共服务

服务是指为他人做事，不以事物形式而以提供劳动的形式满足他人某种特殊需要，并使他人从中受益的一种有偿或无偿的活动。公共服务是与私人服务相对应的一个概念，无论是公共服务还是私人服务，都意味着对某一公众需求的满足，或者说其本身就是公众的某一需求。通常认为，现代社会中的公共服务是指政府运用公共权力和公共资源向公民提供的各项服务。公共服务包括科学、教育、卫生等无形产品，也包括基础设施、道路交通等有形产品。

2.1.2 社会组织

"社会组织"是一个中文语境下的概念。广义的社会组织是指除企事业单位、党政机关以外的社会中介性组织。狭义的社会组织，是指由各级民政部门作为登记管理机关，纳入登记管理范围的社会团体、基金会、民办非企业单位这三类社会组织。本书主要是指狭义上的社会组织。社会组织既具有西方非营利组织（NPO）或者非政府组织（NGO）的某些特点，又具备中国特定的国情和制度给予的特点。总体来看，社会组织具备以下基本特征：不以营利为目的；有特定的使命与目的；不同于政府机构与市场组织；其行动不是追求剩余利润的分配，而是为了完成其特定使命。

2.1.3　政府购买公共服务

政府购买公共服务是指，将原由政府统揽供给的部分公共服务交由社会力量提供，并由政府根据社会力量所供给的服务数量以及质量来支付费用。自新公共管理运动开展以来，国外发达国家对政府购买公共服务的实践已长达 30 年，我国于 20 世纪末开始引入该政策，并在 1995 年率先于上海浦东新区开始政府购买公共服务的实践探索。国内外成功的政府购买公共服务实践表明，该政策有利于转变政府职能，提高公共服务的供给效率，促进社会组织的健康快速发展。

与政府垄断供给公共服务相比，政府购买公共服务政策将部分公共服务交由市场供给的做法大大节约了政府财政支出，保障了社会公平。我国政府大力支持该政策，并出台了相关法律法规。2013 年 11 月颁布的《中共中央关于全面深化改革若干重大问题的决定》提出："推广政府购买公共服务，凡属事务性管理服务，原则上都要引入竞争机制，通过合同、委托等方式向社会购买。"这是第一次在国家战略层面提出政府购买公共服务制度。同年颁布的《国务院办公厅关于政府向社会力量购买服务的指导意见》（以下简称《指导意见》）中明确指出了我国政府购买公共服务的购买主体、购买对象以及购买原则等。《指导意见》指出购买主体分为三类，包括行政机关、事业单位以及纳入行政编制管理且经费由财政负责的群团组织；购买对象主要是各社会力量，包括社会组织、企业、机构等。《指导意见》也特别指出了政府购买公共服务的原则，即坚持公平、公开、公正的原则，采用竞争模式选择购买对象，减少特许经营等非竞争购买模式。

同一般的交换式购买不同，政府购买公共服务至少涉及三个基本主体：政府（购买方或购买主体）、社会力量承购方或承接主体和利益群体（需求方或享受服务方）。购买的商品也不同于一般的物品，而是具有非实体性质、不容易定量衡量的公共服务活动。

（1）公共服务的购买主体。政府向社会力量购买服务的主体即政府，在这里是指依法承担政府行政管理职能，经费由财政预算全额保障的行政机关、事业单位和群团组织。主要包括三类：一是各级行政机关，它们使用国家行政编制，经费由财政承担。二是参照公务员法管理、具有行政管理职能的事业单位，它们通常也依法行使行政管理职能，并且经费由财政全额保障，通常又被称为"参照公务员法管理的事业单位"。例如，环境保护督查监管机构、海洋维权巡航执法机构等。这类事业单位的改革方向是转为行政机关。三是纳入行政编制管理且经费由财政负担的群团组织，也可以根据实际需要，通过购买服务方式提供公共服务。如妇联、工会、团委等，它们一直被纳入行政编制，按照公务员法进行管理，经费也由国家财政负担。"政府购买公共服务"中的"政府"，通常指各级政府中的这些部门，它们构成了政府购买公共服务的主体。在购买过程中，作为购买方的政府是一个整体，内部不同部门会承担不同的职能作用。其中，各级财政部门负责本级政府购买公共服务的预算审核、资金拨付与监管；各级民政部门负责本级政府所辖范围内社会组织的能力管理、资格审核，购买公共服务项目的统筹规划、组织实施、绩效评估；各有关部门和群团组织负责本系统、本行业的公共服务需求评估，并申报公共服务计划及具体实施等。其他如审计部门等，也分别根据自身的职能，在政府购买公共服务中承担相应的职责。

（2）公共服务的承购方（承接主体）。政府购买公共服务的承购方，理论上应包括有能力承接公共服务具体供应工作的所有社会主体。从现实来看，主要包括非财政全额保障的事业单位、社会组织、企业和个人。

（3）公共服务的使用方。公共服务的使用方，同时也是公共服务的最终需求者。根据服务性质和服务对象的不同，公共服务的使用方也不同。例如，直接为政府提供决策咨询的公共服务，其服务对象是政府部门；而购买的社区服务其使用方是社区公民。对于前一类来说，公共服务的购买者和使用者是同一主体，需求将更明确，对购买绩效的评价也将直接。而对于后一类公共服务的购买来说，服务的购买者与使用者是不同的主体，对目标与实际效果的评价可能存在不同的标准，监管难度也更大。

2.2 理论基础

2.2.1 新公共服务理论

20世纪80年代，登哈特夫妇在新公共行政、民主公民权、新公共管理等理论基础上，创立了新公共服务理论。与新公共管理理论强调行政效率不同，新公共服务理论的核心是以人为本。新公共服务理论强调政府的主要职能是为公众提供公共服务，满足社会对公共服务的基本需求。该理论追求公众利益最大化，体现人的价值，而非追求行政效率。新公共服务理论的核心内容包括：

（1）政府与企业不同，政府的目标与愿景是以人为本，为公众提供更多的利益；企业更加注重的是通过提高产品或者服务质量来赢得顾客与利润。政府通过与企业的合作，将产品或服务交由更加专业的企业，提供更高质量的产品、服务。

（2）新公共服务理论的核心思想是以人为本，倾听公众声音。因此，政府部门应积极构建与公众对话的平台，根据民众的意愿设计公共服务。例如，政府购买学前教育服务时，政府作为购买者，需要根据民众的诉求，合理购买学前教育服务。

2.2.2 公共产品理论

公共产品理论是新政治经济学的一项基本理论，也是处理市场与政府关系、政府职能转变、公共服务市场化的理论基础。公共产品理论的定义最早可以追溯至古典学派时期，到20世纪50年代，萨缪尔森借助数学工具对公共产品非竞争性、不可分割性等基本属性的确定，成为了公共产品理论的经典定义。公共产品理论与政府购买公共服务之间的核心关系包括：

（1）公共产品的分类是政府购买公共服务的基础。依据公共产品是否完全具备非竞争性与非排他性的特征，将其区分为纯公共产品与准公共产品。非排他性是指公共产品的供给者无法排斥他人对公共产品的消费与使用；非竞争性是指公共产品供给数量一定时，当增加一名服务消费者时，边际成本为零。纯公共产品是完全具备非竞争性与非排他性的公共产品，如国防、司法等；准公共产品是指不完全具备非竞争性与非排他性两种特征的公共产品，如学前教育属于准公共产品。公共产品理论认为，纯公共产品需由政府提供，而准公共产品可由政府或是社会、市场供给。

（2）区别公共产品的生产者与安排者是政府购买公共服务的前提。传统思想理论认为公共产品的生产者与安排者为一体，公共产品理论则对公共产品的安排者与生产者进行了区分与界定，为政府购买公共服务下政府角色的转变奠定了理论基础。

2.2.3 委托代理理论

20 世纪 30 年代，美国经济学家伯利和米恩斯提出了委托代理理论，该理论提倡所有权与经营权分离。随着社会生产力与经济的快速发展，社会分工正在不断细化，但企业所有权拥有者的专业技能与精力都是有限的，因此，可将部分工作委托给职业经理人，即企业所有者将经营权让渡给代理人，企业保留剩余索取权。由于社会经济高速发展，政府各职能部门事务繁重，政府独自供给学前教育服务已无法满足公众的多样性与专业性需求，因此，可将学前教育服务委托转交给更具有专业知识与技能的社会组织来供给。

在信息经济学领域，委托代理理论建立在非对称信息博弈论的基础上，泛指非对称信息下的交易。其中，处于信息优势的一方为代理人，处于信息劣势的一方为委托人。由于委托方与代理方均为理性人，具有信息优势的一方（代理人）会为了谋取自身利益而对委托方做出不利的行为，因而委托人需对代理人给予适当激励，引导其做出正确的行为。

2.3 文献综述

2.3.1 政府购买公共服务的相关研究

随着政府购买公共服务实践的推进，学术界的相关研究也越来越多，研究方向主要集中于购买风险与问题、购买原因、购买有效性、各地实践现状与困境等方面。苏明等（2010）总结了我国政府购买公共服务的必要性，即由于政府自身生产公共服务能力不足，需要通过购买转交公共服务来满足社会公众日益增长的需求。然而，政府购买公共服务依然存在众多风险与问题。周俊（2010）认为政府购买公共服务存在着机会主义、供应商垄断以及缺乏竞争等风险，政府应出台相关法律法规对其进行约束与规制。詹国彬和林传学（2021）从竞争机制、程序机制、监控机制和责任机制等维度入手，建构一个综合性的政策框架用以防范和控制相应的风险。雷玉河（2019）从我国政府部门公共服务意识淡薄、公共服务购买竞争力不足、监管评价体系缺失三个方面分析了政府购买公共服务所面临的风险问题，并提出政府购买公共服务风险的防范措施。张菊梅（2018）把政府购买公共服务的风险分为内部的主体风险、关系风险、运行风险和外部的经济、政治、法律环境风险，并提出构建风险识别评价系统、构建多元联动的风险防控共治模式和构建合理科学的风险分摊系统。刘再春（2018）认为防范与化解政府购买公共服务的各种风险应从以下几方面着手：针对社会组织建设以及信息公开进行立法，大力培育和发展公共服务承接主体，细化合同管理细则，建立责任约束与第三方评估机制。叶托等（2018）分析了政府购买公共服务在市场失灵、委托代理关系和行政自由裁量权滥用三个方面的责任风险，并从问责关系、问责焦点和问责手段三个维度进行了比较细致的描述和区分。李子森（2017）认为针对政府向社会组织购买公共服务的经济风险，应该从防范机制的构建出发，围绕风险准备、风险识别、风险分析、风险评价及风险处置等流程建设完善的多元化监督评价机制，提升社会组织向政府提供的服务产品的质量水平。佟林杰（2017）分析了政府购买公共服务的执行风险，并从四个方面提出对政府购买公共服务的执行风险的防控策略。张龙（2017）认为政府购买公共服务的风险主要包括市场缺陷问题、委托代理困境、寻租及监管风险，并提出应从增进和完善市场竞争和加强政府监管能力建设两方面着手，建立相应的风控机制，以规避和防范这些风险。张晓红等（2017）分析了我国政府购买公共服务的监管风险及影响因素，通过对"预警制"的行为逻辑及操作程序进行分析发现，其能有效识别风险，推进了风险预警制的建设。刘舒杨和王浦劬（2016）认为应从构建竞争性制度环境、建立需求评估机制、提升政府的合同管理能力三方面防范政府购买公共服务的潜在风险。根据我国政府向社会力量购买公共服务的流程，即需求决策、承接主体的选取、合同的实施、合同的监督、评估与验收中存在的潜在的风险隐患，宗璞（2019）设计了政府向社会力量购买公共服务的风险识别及预警机制，以期在政府购买公共服务风险暴发之前能够精确把握风险源，将风险消解于萌芽之中，提高公共服务的供给质量。汪佳丽等（2021）分析了政府购买公共服务面临的主要困境，并提出构建全过程、多主体、动态循环的政府购买公共服务的监督机制以优化面临的困境。叶春梅（2020）提出政府购买公共服务存在购买政策碎片化、购买程序模糊化、监管体系形式化等问题，并以盐城市为例提出了针对性的对策。朱晓静（2021）基于一个政府购买服务项目，探讨了社会工作嵌入社区后面临的专业价值偏离、专业地位偏低、专业界限模糊等问题。邓金霞（2020）提出政府购买公共服务价格的确定是目前政府购买服务机制建设中比较薄弱的一环，建立科学的成本核算模型是确定价格的前提和基础，应该注意政府购买服务过程中存在多种价格形态这一事实：预算价格建立在成本核算基础上，购买价格经由采购机制形成，而支付价格则是绩效评估后的最终价格。孙荣等（2016）指出政府购买公共服务实践面临需求旺盛与社会力量供给能力不足二者之间的矛盾，结合我国改革的实际经验，将多层次治理概念引入到政府购买公共服务中，提出通过供给主体的竞争推进购买服务的开展。詹国彬（2013）从政府购买公共服务的困境出发，以政府公共服务管理能力不足的需求方缺陷以及尚未形成良好规范竞争市场的供给方缺陷，引出"精明买方"的实现之策，指出需深入了解公众需求以强化服务型政府的构建。周俊（2010）指出在大力推行政府购买公共服务的趋势下，存在着供给市场缺乏竞争、政府责任意识不强、公民参与不足等风险问题，政府购买公共服务的经济效率仍需要不断地检验，需加强以政府为主导、公民参与的风险防范机制，并完善自身内部控制能力。

相关学者对各地政府购买公共服务的实践进行了一系列实证研究。例如，韩清颖和孙涛（2019）基于 153 个政府购买公共服务的案例，获取有效性评价数据，实证检验我国购买公共服务的有效性及影响因素。徐家良和赵挺（2013）通过构建"购买者—承接者—使用者—评估者"四位一体的分析框架具体分析了上海市政府在购买公共服务过程中出现的问题，并且从宏观制度设计与微观机制完善两方面提出了改进方式。Chen 等（2020）通过文献调查方法、实例和实证研究方法，重点分析了政府购买垃圾分类服务中的问题，并给出了相应的解决方案。胡春艳和李蕙娟（2015）以湖南省政府购买居家养老服务为例，从政治问责、契约问责、客户权力和管理问责四个层面来构建问责关系。许光建和吴岩（2015）以北京市为例，探讨政府购买公共服务的问题，并提出从转变观念、推动立法、明确政府定位、培育社会组织、完善财政保障政策以及发展常态机制等方面着手，推进政府购买公共服务的健康有序发展。王春婷（2015）基于对深圳和南京政府购买公共服务的实证调研，发现行政环境对购买服务绩效的促增效应显著，政府管理对公众满意度、监督评估效率、市场结构的影响很大。谢正阳等（2015）以常州市购买体育公共服务的实践个案来探索体育公共服务多元化供给方式，提出应建立以会商协调、监督检查、绩效评价和信息公开为主的政府购买体育公共服务的运行机制。宁靓和茅杰（2015）以上海市闵行区政府购买公共服务的实践和探索为例，从准市场机制带来的政府角色转变、购买服务模式的创新、政府与社会组织关系的重构和政府购买服务的绩效提升四个方面进行分析，在指出目前存在的问题和总结经验的基础上，提出了相应的对策建议。马全中（2019）基于广东欠发达地区的案例，分析发现政府向社会组织购买服务有时存在外包失灵现象，并提出从建设服务型政府、加强制度供给、完善社会组织治理结构等方面矫正外包失灵。杨燕英和周锐（2021）提出政府购买扶贫服务的制度建设不完善，须通过深化改革，从制度完善的角度构建扶贫领域政府购买公共服务长效机制，以保证政府购买扶贫服务不断提质增效。王家合等（2021）构建县域政府购买农村公共文化服务绩效评价指标体，以湖北省咸宁市咸安区的 9 个乡镇为研究区，对政府购买农村公共文化服务绩效进行评估。

在政府购买公共服务购买模式方面，Barro 和 Grilli（1994）就政府对商品和服务的购买形式做了详细的分析和研究。韩俊魁（2009）分析对比了我国现有的政府购买公共服务的模式，认为存在着竞争性和非竞争性两类购买模式，指出要按照绩效评估、奖惩制度等原则分步分区地向社会组织购买服务。叶军和王文静（2012）从不同供给主体的供给效率以及社会福利角度出发，分析了平行关系模式、协作性模式、扶助型模式下政府的适应性决策问题，指出在平行关系模式下的完全竞争市场中，公共服务的产出水平以及消费者福利将实现最大化，模式的选择要视当下市场环境以及政府部门、企业的行为能力而定，因地制宜改革。李军鹏（2013）总结了我国政府购买公共服务的典型模式，如合同外包、公私合作、政府补贴和凭证制度等。

在政府购买公共服务购买决策方面，魏娜和刘昌乾（2015）认为对于非排他性、非竞争性的基本公共服务，政府应该直接生产提供；对于非排他性但具有竞争性的基本公共服务以及非基本公共服务，政府可外包交由社会组织提供。项显生（2015）也对我国政府购买公共服务的边界问题进行了探讨，总结了我国现有购买边界的识别因素，例如以"异质性"与"同质性"作为区分公共服务购买的边界。此外，众多学者基于交易成本理论对公共服务外包的适用范围进行了一系列研究。例如，句华（2010）基于交易成本理论，从服务本身特性与服务价值论断两个角度出发，划定政府购买公共服务的范围。李海明（2015）也从交易成本理论视角对公共服务外包动因进行了剖析，并以医疗保险服务外包为研究领域进行了实证分析。Steven 和 Aidan（1996）认为政府在进行外包决策时，应充分考虑任务的专业性、市场竞争的激烈程度和资产专用性三个因素。陈菲（2006）在此基础上加入了服务的关键性因素。刘波等（2010）提出基于服务核心性、市场成熟度以及任务复杂性来进行公共服务外包决策。服务规模也被考虑作为衡量服务特性的变量之一。

本书在研究过程中，常以政府购买居家养老服务与政府购买学前服务为例进行具体的实证研究。因此，下文通过对政府购买居家养老服务与政府购买学前教育服务的研究现状进行论述，进一步丰富对政府购买公共服务研究现状的理解。

在政府购买学前教育服务方面，程翔宇等（2014）在论证购买学前教育在我国的现实需要后，界定目前我国政府购买学前教育服务的现实困境包括缺乏成熟的匹配环境、缺乏基于我国背景的有效实践经验等。张铁军（2016）主要回答了政府购买学前教育如何成为良制的问题，提出完善制度环境、建立绩效考核与监督机制以及明确政府职能的解决方案。陈建超（2016）主要解答了政府购买学前教育服务的主要动因，并提出了一系列改革路径，如强化制度建设、培育民办幼儿园的公共责任意识等。刘颖和冯晓霞（2015）总结了政府购买学前教育服务的两个主要方式，并提出各地政府在制定该政策细则时，不应全盘接收国外实践经验，而应该因地制宜选择购买方式。李飞（2017）则以徐州市为例，探索政府购买学前教育服务的可行性，提出徐州应以渐进的方式实施该政策，并结合国家政策精神和原则，在保障措施、发展方式等方面做出必要的规范与创新。王静（2016）针对济南市政府购买学前教育服务现状，通过实地调研发现其中的问题，并构建政府购买学前教育绩效评价指标体系，结合国内外实践经验，提出了相应的政策建议。

在政府购买居家养老服务以及其他方面，Lu 等（2020）构建了一种毕达哥拉斯二元语义 CPT - TODIM（P2TL - CPT - TODIM）方法，对政府购买居家养老公共服务效率和质量进行研究，选取案例进行实证分析，验证了所设计方法的稳定性和有效性。章晓懿等（2012）构建社区居家养老服务绩效评估指标体系并分析其适用性与局限性。林婉婷（2017）制定居家养老服务提供商选择评价指标，提出主观与客观相结合的层次分析法与信息熵综合赋值法，利用灰色决策模型对提供商进行排序。倪东生和张艳芳（2015）在养老服务供求失衡的背景下，对中国政府购买养老服务进行政策分析，提出了一系列对该项制度进行细化调整的改革策略。随着该项政策的推进，各地政府开始践行该项政策并将其作为养老服务供需矛盾的解决方案。相关学者在对各地政府购买养老服务的实证调查、研究的基础上，对该项政策存在的问题以及解决对策等进行了一系列总结。例如，王焱（2019）针对淮安市政府购买居家养老服务进行问题研究，总结了参与主体角色职能不清晰、不明确，合作双方关系不畅，养老服务机构资质不达标等诸多问题。胡春艳和李蕙娟（2015）以湖南省政府购买居家养老服务为例，描述了政府、提供者组织、服务对象以及前线工作者之间的理想问责关系，以此为基础分析了问责关系存在的问题，并且针对问题提出了相应的解决措施。绩效评估作为该项政策实施效果的检验方法，其也成为政府购买居家养老服务研究的重点。例如，邵铄淇（2020）从政府、社会组织以及公众这三个主体出发，对政府购买养老服务进行经济效益评估以及社会效益评估。昝妍（2020）结合居家养老服务的特点引入平衡计分卡绩效评价方法，从内部流程、财务、客户、学习与成长四个维度设计政府购买居家养老服务的绩效评价指标，提出我国政府购买居家养老服务的绩效评价模型。

2.3.2 质量管控相关研究

随着经济的快速发展和全球经济一体化进程的加快，国内外市场竞争也变得越来越激烈，质量成为决定胜负的关键要素，任何一个组织、机构都须将质量视为生命，以持续改进质量品质为永恒目标。

近年来，质量管理理论被应用在各个领域。在政府购买公共服务质量管控方面，董杨和句华（2016）以购买服务进程中的主体选择环节、决策环节、过程与结果环节为主线，分析了不同环节影响政府购买公共服务质量的主要因素，并有针对性地提出政府购买公共服务质量保障的若干措施。徐兰和方志耕（2016）基于中间顾客感知价值，利用结构方程模型，对设计质量、关系质量、中间顾客感知价值及政府购买下的公共服务质量间的相互影响关系进行了定量分析。彭晓帅等（2015）在供应链视角下，对政府购买公共服务质量控制进行博弈分析，建立了存在公民参与的三级供应链的质量控制博弈模型、供应商间存在竞争的三级供应链的质量控制博弈模型。邰鹏峰（2013）针对政府购买服务制度在实际运作中面临的质量监管困境，提出具有创新性的监管机制及质量评估体系的可行路径，破解了政府购买服务实践中的质量监控问题。王晓琼（2012）基于委托代理理论，从政府监督管理、第三方组织评估及社会公众监督三个视角，并结合实际案例，提出了政府购买公共服务的质量控制对策。孙杨杰（2016）在对国内外公共服务提供、服务质量管理、质量评估模型等理论进行深入研究的基础上，分析和探讨政府购买公共服务质量评估的理论研究以及发展动态，建立政府购买公共服务质量评估的创新思路与分析框架，为自贸区内政府购买公共服务质量评估指标体系的设计奠定基础。李喆（2014）阐述了中国政府购买公共服务在质量控制方面存在的主要问题及原因，发现问题主要是在政府购买公共服务的范围方面缺乏相应的法律法规，程序上缺乏规范的流程，购买模式还很不完善。董杨和句华

（2016）在总结国内外关于政府购买公共服务质量研究的基础上，将政府购买公共服务的过程概括为"买什么""向谁买""如何买"，并将此三方面作为政府购买服务质量的研究切入点，指出强化责任政府意识、注重社会公众力量的参与以监督改善政府购买公共服务的质量。徐兰和方志耕（2013）研究服务质量问题，探讨田口质量损失分析方法的应用，形成对政府购买服务的机构进行评价与选择的客观依据。徐兰等（2016）从政府购买公共服务的最优监督出发，以博弈视角，建立了在不完全信息下购买活动涉及的三方主体博弈论模型，结合实例引出服务过程质量监控的有效策略，通过增加惩罚力度、引入公众参与力量的方式规范政府购买公共服务的行为，确定提高政府最优监督水平的策略组合。张钢等（2008）在分析公共服务的公民价值内涵及实现过程的基础上，建立了面向公民价值的政府公共服务质量评价体系。魏中龙等（2010）构建了基于 SOM 神经网络的效率评价模型，对政府购买公共服务进行了质量评价。

综上所述，通过对政府购买公共服务、质量管控等方面的文献进行梳理和分析发现，国内外关于政府购买公共服务、质量管控的研究已有不少，取得了丰硕的成果，但将这些结合起来进行深入研究和探讨，并建立起一整套质量管控体系方面的研究相对匮乏。

就研究对象来说，已有研究主要集中于购买风险、购买原因、购买有效性、各地实践现状与困境等方面，涉及学前教育、居家养老服务等方面，偏向于以定性分析来给出对策，而将定性与定量分析结合的研究相对来说略显匮乏。就研究视域来说，质量管控涉及政府购买公共服务的质量问题、影响因素、监管失灵，以及食品质量控制、大型项目风险控制、企业运作质量风险控制等各个方面的内容。

从政府购买公共服务的影响因素出发，进行详细分析，提出质量管控策略，设计质量激励机制，并建立起一整套质量管控体系，这方面还没有得到深入的研究与探讨。基于以上分析，本书将对政府购买公共服务质量管控体系的构建做深入的研究与探讨。

3 我国政府购买公共服务的现状调查及分析

3.1 政府购买公共服务的基本概况

政府向社会组织购买公共服务是指"政府将原来由政府直接举办的、为社会发展和人民日常生活提供服务的事项交给有资质的社会组织来完成，并根据社会组织提供服务的数量和质量，按照一定的标准进行评估后支付费用，是一种'政府承担、定项委托、合同管理、评估兑现'的新型政府提供公共服务方式"。自新公共管理运动兴起以来，政府购买公共服务日益成为世界范围内政府提供公共服务的基本手段。我国于20世纪90年代开始尝试政府购买公共服务，在全面深化改革的背景下，政府购买公共服务逐渐成为推进建设服务型政府的重要方式。政府购买公共服务从出现到当前经历了一个从无到有、从东部向中西部拓展的历史进程。我国的政府购买公共服务最初主要集中在居家养老、环境卫生等狭窄领域，现在已逐渐发展到社区建设、人口计生、婚姻家庭、教育等社会领域。2001～2004年，我国公共服务生产和供给由间接接受政府雇佣人员所完成的比例从20%升至30%，政府系统外人员的财政报酬支出占到总支出的1/4左右，这些都标志着我国的政府购买公共服务已经达到了一定水平。本书旨在基于政府购买学前教育服务、政府购买养老服务的基本情况阐述我国政府购买公共服务的基本概况。

3.1.1　政府购买普惠学前教育服务的基本概况

学前教育是学校教育体系的重要组成部分，是国民教育制度的起始阶段。我国于 2010 年颁布《国务院关于当前发展学前教育的若干意见》，其中首次明确提出"采取政府购买服务……引导和支持民办幼儿园提供普惠性服务"。在此之前，江苏省便在 2010 年发布的《省政府办公厅关于加快学前教育改革发展的意见》中提出"各级人民政府要通过购买公共服务的方式加大对民办幼儿园的扶持力度……对承担普惠性教育任务的民办幼儿园进行补助"。放眼全国政府购买学前教育服务进程，江苏省实践较早，也取得初步成效。2019 年，江苏省全面贯彻落实全国教育大会决策部署，聚焦教育重点，加快推进现代化教育强省建设，努力办好人民满意的教育，且改革发展取得成效。学前教育作为国民教育体系的重要组成部分，受到了各级政府的足够重视。如今学前教育有了长足发展，但从总体上看，学前教育仍然是各类各级教育中的薄弱环节。根据江苏省教育厅发布的《江苏教育年鉴 2020》，2019 年全省共有幼儿园 7608 所，比上年增加 386 所；在园幼儿 253.9 万人，比上年减少 1.7 万人；学前三年教育毛入园率达到 98%。江苏省 2015～2019 年幼儿园数量如图 3-1 所示，幼儿数量如图 3-2 所示。

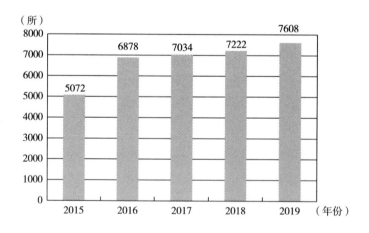

图 3-1　2015～2019 年江苏省幼儿园数量

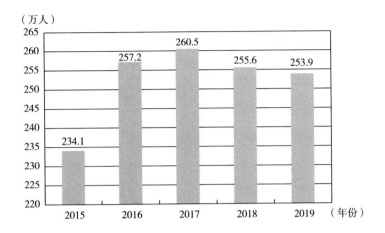

图 3 - 2 2015～2019 年江苏省幼儿数量

从图 3 - 2 可以看出，自 2017 年开始，江苏省幼儿数量有下降趋势。然而 2016 年二孩政策开放后，相关学者预测到 2021 年底学前教育阶段的适龄幼儿将增加 1500 万人，幼儿园数量预计缺口约 11 万所，当前学前教育资源面临着幼儿园匮乏的困境。

3.1.2　政府购买居家养老服务的基本概况

随着社会经济快速发展以及人们生活水平的提高，人口老龄化逐渐加剧，家庭养老功能弱化，机构养老弊端不断呈现，居家养老服务政策相继出台，如何发展居家养老服务成为当前养老问题的热点。国家统计公报显示，2020 年初，65 岁及以上人口达到 1.76 亿，占总人口的 12.6%。江苏省卫生健康委、省老龄办联合省高院、省民政厅、省住房城乡建设厅发布的《江苏省老龄事业发展报告 (2020 年)》显示，江苏省是全国最早进入老龄化社会的地区之一，2019 年末，全省 60 岁及以上老年人口为 1834.16 万人，占户籍人口的 23.32%，高于全国 5.22 个百分点；65 岁及以上老年人口为 1330.29 万人，占户籍人口的 16.91%，高于全国 4.31 个百分点；80 岁及以上老年人口为 280.04 万人，占全省户籍老年人口的 15.27%。全省老年人口比上年同期增加 28.89 万人，呈增速加快趋势；80 岁以上高寿老人越来越多；常住人口老年抚养比直线上升，从 2016 年的 17.33% 上升到 2019 年的 20.58%；城乡区域不平衡特点突出，苏中、苏南地区人口老龄化率平均超过25%，南通市已超过30%。截至2021年上半年，江苏省60岁及以上人口已占本省人口的21.84%，这标志着我国已经步入"老龄社会"，这使得政府不断出台文件以保障老年人的生活质量，政府购买居家养老服务政策应运而生。政府购买居家养老服务起源于西方国家，21世纪初进入我国，率先在北京、上海、南京等相对发达的城市展开实践探索，随后各级地方政府也开始了探索性实践。受地区经济发展、人员、资金投入等方面影响，中国居家养老服务存在服务方式滞后、服务主体单一化、综合监管机制不完善、服务队伍专业化水平较低等问题。如四川达州某养老服务中心"五秒钟洗脚，两秒钟理发"摆拍；安徽合肥某养老服务中心"借养老之名，行圈钱之实"；南京某平台身披养老外衣，涉嫌非法集资案等居家养老服务质量问题，一直为社会各界所关注。联合国教科文组织规定，一个国家或者地区，60岁及以上的老年人口占总人口的比例达到10%，或65岁及以上的老年人口占总人口的比例达到7%时，该国家或地区就步入老龄化社会。就江苏南京而言，其老龄化继上海、北京、天津之后成为全国第四，比全国进入老龄化早了很多年。人口老龄、高龄化趋势日益严峻，养老压力与日俱增，老龄化问题已然成为当前政府需要解决的重点民生问题。面对上述挑战，南京市政府已在部分地方发展居家养老服务，其中，政府购买服务为主要模式，在缓解养老压力方面发挥了重要作用。

3.1.3 政府购买医疗卫生服务的基本概况

政府购买医疗卫生服务是指政府在基本医疗卫生服务供给中引入竞争机制，将原先由政府直接提供的部分基本医疗卫生服务，通过财政拨款或补贴、公开招标等方式委托给有资质的非政府组织提供，政府根据其提供服务的数量和质量等对其进行监管与考核。政府购买医疗卫生服务有利于建立多元化的医疗卫生服务供给机制，提高服务质量与公众满意度。

我国的医疗卫生行业及其配套设施建设在全世界范围内具有重要地位。我国的医疗卫生主要包括医院、卫生院、社区卫生服务中心（院）、门诊部、疗养院、妇幼保健院、专科疾病防治机构、疾病预防控制中心、医学科研机构、各级医疗卫生行政管理机构等医疗卫生机构。医疗卫生行业主要由医药、医疗器械、医疗机构三大部分构成，其中医药行业占据着较大的市场份额。

医疗消费升级叠加人口老龄化拉动行业需求，医疗需求上升。中国当前医疗卫生费用约占 GDP 的 5%，相较于美国的 17%，我国医疗消费水平尚处于初级阶段。随着经济的不断发展，我国的人均可支配收入及健康观念将不断提升，医疗卫生消费将迎来长期稳步发展。此外，中国慢性病患病率不断攀升，且人口老龄化将持续促进医疗服务消费。2016 年至今我国公立医院检查、手术费用增速持续快于药品支出费用，行业需求愈发旺盛。

3.2　政府购买公共服务的主要内容与方式

政府向社会组织购买公共服务的主要内容为：①采取市场化方式提供、社会力量能够承担的服务事项；②政府新增或临时性、阶段性的服务事项，适合社会力量承担的，应当按照政府购买服务的方式进行；③不属于政府职能范围，以及应当由政府直接提供、不适合社会力量承担的服务事项，不得向社会力量购买，按照灵活、程序简便、公开透明、竞争有序、结果评价的原则组织实施政府购买服务。主要涉及：教育、卫生、文化、体育、公共交通、住房保障、社会保障、公共就业等适宜由社会组织承担的部分基本公共服务事项；社区事务、养老助残、社会救助、法律援助、社工服务、社会福利、慈善救济、公益服务、人民调解、社区矫正、安置帮教和宣传培训等社会事务服务事项；科研、行业规划、行业调查、行业统计分析、社会审计与资产评估、检验、检疫、检测等技术服务事项；法律服务、课题研究、政策（立法）调研、政策（立法）草拟、决策（立法）论证、监督评估、绩效评价、材料整理、会务服务等辅助性和技术性事务。同时政府购买服务遵循以下基本原则：①积极稳妥，有序实施。②科学安排，注重实效。③公开择优，以事定费。④改革创新，完善机制。

目前，我国政府向社会组织购买公共服务的方式可归纳为两类：直接购买和间接购买。政府与社会组织以授权或委托、合同外包的方式确定购买公共服务事项，这称为直接购买；政府对公共服务消费者或公共服务生产者进行补贴的方式，称为间接购买。其中，合同外包根据竞争程度又可分为三种方式：竞争性购买、谈判式购买及指定性购买，如表3-1所示。

表3-1 政府向社会组织购买公共服务的主要方式

分类	购买方式		主要内容
直接购买	授权或委托		政府在保留公共服务设施所有权的前提下，直接或间接地授权或委托社会组织生产和提供相应的公共产品和服务，政府付费购买其提供的公共产品和服务
	合同外包	竞争性购买	通常采用公开招标与邀请（有限）招标的方式，其中公开招标是通过广告进行大范围的投标邀请，邀请（有限）招标是指政府邀请若干选定的供应商报价投标
		谈判式购买	通过与多家供应商进行协商，最后从中选择合适的供应商
		指定性购买	政府向指定的供应商直接购买
间接购买	补贴制		政府通过向服务生产（供给）者给予补贴来增强其提供公共服务供给的能力。形式有资金支持、免税或者其他税收优惠、低息贷款、贷款担保等
	凭单制		政府围绕特定的公共产品和服务，用服务券形式对具有"资质"的消费者进行直接补贴，使其自由选择消费，然后政府用现金兑现社会组织接收的服务券

本节同样以政府购买学前教育服务、政府购买居家养老服务以及政府购买医疗卫生服务为例，具体阐述我国政府购买公共服务的主要内容与方式。

3.2.1 政府向社会组织购买普惠学前教育服务的主要内容及方式

随着我国经济的快速发展与二孩政策的放开，人们对于质优价廉的学前教育服务的需求量急剧上升。然而由于我国学前教育不在义务教育范围之内，且伴随着我国由计划经济到市场经济的转变，私人办园、市场组织办园逐渐取代了集体办园，办园主体发生了巨大改变。当私人幼儿园在市场上追求私利，成为天价幼儿园时，学前教育便丧失了其公益性的特点。我国政府购买学前教育服务的对象主要是民办幼儿园，江苏省政府作为我国践行该政策的领头羊，积累了较多实践经验，具有良好的借鉴作用。笔者通过收集江苏省政府购买学前教育的实际案例，将政府购买民办幼儿园的主要方式总结为以下四点：

（1）对民办幼儿园经费的补贴。为达到民办幼儿园与公办幼儿园的收费相近的目的，政府规定了民办幼儿园的收费标准，拉低入园费用。民办幼儿园由此所得的收益损失差价将由政府填补，政府购买性质也由此体现。该补贴方法为我国政府购买学前教育的普遍做法，如苏州市工业园区民办幼儿园实施财政补贴政策。随着城镇化进程的加快，工业园区成为外来务工人员的聚集地，外来人口流量大，学前教育服务需求旺盛，学前教育资源匮乏。针对此现象，苏州市政府通过向民办幼儿园补贴收益损失差价的方式，降低其收费标准，扩大学前教育服务供给能力，为儿童提供更为优质的教育服务。

（2）对民办幼儿园地段生的补贴。该补贴方式是政府针对符合要求的地段生所实行的购买政策。主要实践做法如南京市的"助学券"模式。在借鉴美国教育券的基础上，南京市于2011年实行"助学券"。具体做法是政府给符合地段要求的入园幼儿家长提供助学券，凭借助学券，家长可以抵消部分学费。再如，苏州市工业园区内政府购买学前教育的服务政策——《关于进一步加快学前教育改革发展的若干意见》规定"对规范办学、年检合格的民办幼儿园，对其吸纳的园区户籍居民、购房并实际居住居民及经园区组织人事部门认定的引进人才的3~6岁学龄段子女，按照每年每人3000元的标准给予补贴（如核价后收费低于780元/月，按与公办优质幼儿园的收费标准差价进行补贴）。幼儿园相应降低收费标准，重新核定收费备案"。这两种典型做法都是政府通过补贴相应地段生来达到其购买目的的。

（3）对保教人员的补贴。我国学前教育规模位居世界第一，2018年学前三年在园幼儿4656万人，相当于一个中等人口国家规模。自党的十八大以来，我国学前教育在服务能力、普及水平、财政投入上有了很大提高，有幼儿园27万所，毛入园率为81.7%。但与此同时，保教人员数量不足、水平不高等问题仍需破解。时任教育部部长陈宝生介绍，结合自身和国际经验，幼儿教师、保育员与幼儿的比例应该达到约1∶15、1∶30的基本要求。按照我国目前220多万名幼儿教师、4600多万名在园幼儿等数据进行推算，我国至少缺幼儿教师71万名，缺保育员76万名。除此以外，保教人员较低的工资水平难以提高其工作满意度与工作成就感，因而无法保证其教育质量水平。作为政府购买学前教育服务重要的参与者之一，保教人员的补贴极为重要。深圳宝安区于 2016 年秋季开始重新调整幼儿园保教人员长期从教津贴申报条件及补助标准，具体为：在现幼儿园工作满 1 年以上的保教人员，将开始发放从教津贴，发放标准为每人每月 150 元，往后每满一年每月增加 150 元，封顶年限为 15 年，从教超过 15 年的保教人员，按 15 年计算。对在幼儿园连续工作满 30 年的保教人员，一次性给予补助 1 万元。通过政府财政补助资金对保教人员进行工资补助，这一方式不仅缓解了普惠性民办幼儿园的资金压力，而且稳定了师资队伍。

（4）其他类型的补贴。除了以上对民办幼儿园经费补贴、地段生补助以及对保教人员的资助以外，较为典型的政府购买学前教育服务的方式是公建民营。公建民营是指政府无偿划拨土地，依照国家幼儿园的建设标准，政府注资建设，幼儿园建设完毕后通过低价租赁、合作、承办等方式委托具有办园资格的社会组织管理运营具有普惠性与公益性的幼儿园。此类购买方式也较为常见，笔者在对镇江市润州区教育局基础教育办公室主任进行访谈的过程中了解到，镇江市政府购买学前教育服务的方式中也包含公建民营这一条。

3.2.2　政府购买居家养老服务的主要内容及方式

目前我国的人口快速老龄化困境使家庭养老模式难以满足庞大的养老需求，居家养老模式逐渐替代家庭养老，成为老人使用意愿最强的方式。居家养老服务是政府通过整合社会养老资源，依托社区、社会组织、家庭等主体为居家老人提供生活照料、医疗护理、精神慰藉等的一种服务方式。换言之，政府购买居家养老服务模式是政府与加盟企业或非营利组织之间就居家养老服务的购买问题签订合同，作为契约双方，政府出资，加盟企业或非营利组织管理并提供服务，同时，政府通过一定的方式对购买的服务进行评估并进行付费的养老服务供给方式。主要包括以下五个方面：

（1）服务对象。以江苏省南京市为例，《南京市社区居家养老服务实施办法》中规定，具有南京户籍且常住的五类老年人——城镇"三无"人员、农村"五保"人员，低保及低保边缘的老人，经济困难的失能、半失能老人，70 周岁及以上的计生特扶老人，百岁老人，可以申请政府购买居家养老服务。经民政部专业评估员按照能力评估指标对老年人进行能力等级划分后，确定其享受养老服务的资格条件及养老服务的等级，方可享受居家养老服务。

（2）养老服务社会组织。以鼓楼区心贴心老年人服务中心为例，南京市养老服务社会组织的运作流程主要是由服务对象向社区委员会提交申请，经社区委员会核实情况后，初审上报街道老龄办、区老龄办，最终确定资格条件。区老龄办与心贴心老年人服务中心达成协议，确定援助任务，服务中心再直接安排服务人员上门服务或者安排距离服务对象最近的养老服务站为其提供日托、送饭等居家养老服务。

（3）主要服务内容。当前南京市政府购买居家养老服务提供基本的"五助"服务，即助餐、助浴、助洁、助医、助急服务。此外，一些规模较大的养老服务站还提供精神慰藉服务。根据老年人需求，及时掌握老年人心理的变化，对普遍性问题和极端的个人问题应给予适度干预，以满足老年人的心理需要，促进老年人心理健康。具体可分为以下几点：①生活保障服务：拆洗衣被、沐浴清洁、买菜做饭、打扫卫生、上街购物、陪同看病等。②医疗卫生服务：完善医疗保险、优惠挂号费用、优先挂号诊治等。③精神陪护服务：交谈聊天、读书读报、心理疏导、精神慰藉等。④安全保障服务：冬夏季的御寒防暑措施、水电煤气安全检查、社区居委会的沟通联系等。⑤特殊求助服务：生活咨询、联系亲友、疑难求助等。

（4）服务人员。当前政府购买居家养老服务的服务人员由专业服务者和志愿者两大团体构成。专业服务者数量较少，约占整体服务人员的20%，以30～50岁的女性为主，男女比例失衡现象比较严重。他们中既有大专及以上学历的涉老专业的护理人员，也有培训再上岗的下岗职工及农民，文化程度差异也较大。专业服务人员需要经过劳动与社会保障部门培训，考取不同等级的护理员证书才能上岗，工作期间仍需要定期接受组织内部及当地民政部门安排的培训，以保证工作质量。

（5）服务监督与评价。政府购买居家养老服务的监督工作由多级共同协作完成。首先，养老服务社会组织及服务站自身对提供给老年人的服务进行监督、评价，作为提供养老服务及核算服务人员薪酬的重要依据。其次，政府在掌握政府购买居家养老服务整体发展方向，提供资金支持的前提下，对养老服务组织所提供的养老服务进行监督评价，是明确社会组织准入资格，协助社会组织履行职责的重要过程。此外，监督工作引入第三方专业评估机构，从而为政府调整政策和改善服务质量提供更为公正的建议，使更多老年人的养老需求得到满足，提高居家养老服务的保障水平。

3.2.3 政府购买医疗卫生服务的主要内容及方式

近十多年来，一些地方政府展开了各种形式的政府购买医疗卫生服务的探索，在购买内容上主要集中于基本公共卫生服务项目，也有些地方根据本地的具体情况购买某一项基本公共卫生服务，例如，江苏无锡购买肺结核防治工作服务；购买主体基本上是地方政府、卫生部门；在承接主体上对于一些经济发达且拥有民营卫生机构数量较多的地区，政府多选择混合购买的方式向公立和民营卫生机构购买服务，在城市地区，政府向社区卫生服务中心（站）购买服务，乡、镇、农村地区则是由当地的乡镇卫生院、村卫生室承接该服务，如江苏苏州由市卫生局向公立和民营社区卫生服务中心购买 21 项公共卫生服务，河南省武陟县卫生局向乡镇卫生院、村卫生室购买农村基本公共卫生服务。

各地开展政府购买医疗卫生服务的方式有内、外部合同，卫生服务券，补助等方式。合同内包是指政府与公立性医疗卫生机构签订合同，合同外包则是政府将基本医疗卫生服务外包给营利性医疗卫生机构，这种情况主要存在于民营机构占主导、经济实力强、资源丰富、竞争充分的城市，例如苏州、无锡地区。重庆黔江区采取卫生服务券方式，该方式一般针对个体性的公共卫生服务，如儿童免疫接种、老年人保健等项目，符合条件的居民凭卫生服务券选择规定的服务机构接受服务，由机构提供服务并收回服务券，政府、卫生部门依据服务券收回数量和日常工作考核结果，发放补贴金额。而针对群体性的公共卫生服务，如健康教育、传染病及突发公共卫生事件报告和处理等项目不适合使用该方式。对于兼顾或义务提供公共服务的市场主体，也可以采用补助方式。

3.3 政府购买公共服务的现存问题

政府向社会组织购买公共服务在中国仍然属于新生事物。由于长期以来中国公共服务基本都由政府提供，因此，从既有的政府公共服务供给模式转向政府向社会组织购买公共服务模式，无论从政府角度还是从公众角度，无论在制度规范方面还是文化心理方面，都有不适应的地方。比如，政府购买公共服务的规模较小，程序不够规范，监督管理不够，缺乏相应的法律保障体系，资金预算缺乏明确法定地位等。根据我们的调查研究，从总体上看，中国政府向社会组织购买公共服务目前存在的主要问题有：

3.3.1 购买行为"内部化"，社会组织成为政府部门的延伸

在我们调查的案例中，有相当一部分社会组织实际并非独自成长的社会组织，而是由作为购买者的地方政府发起或者倡导成立的社会组织，有些社会组织甚至是在接到特定购买任务以后才专门成立的。因此，从表面上来看，作为承接者的社会组织，很难说普遍都是独立于购买者之外的法人主体。这一情况造成了购买行为的"内化"，即社会组织变成了与政府行政性质相同的"次级政府"，由此带来了服务质量、费用合理性以及资金透明度等一系列问题。

由于这些社会组织都是在政府主导和支持下发展起来的，这就使得政府与社会组织在实际运行中缺乏对双方都有约束力的契约关系。社会组织名义上承接政府委托的公共事务，实际上对自身活动尚缺乏完整的和长期的规划，其定位基本上是随时接受政府下派的任务，在这一过程中社会组织实际上变成了政府部门的延伸。而由于接受政府下派的任务具有随机性，因此，社会组织生产提供公共服务的规范性和长远性很难得到充分保证。

3.3.2 购买标准不够清晰，政府责任较为模糊

购买标准不够清晰，主要是指在政府购买公共服务的过程中，政府对于自己

必须购买哪些服务、不需要购买哪些服务，尚缺乏明确的标准和规范。在我们调查的案例中，有的社会组织几乎所有费用都由政府一揽子买单，政府支付了一些本来不应该支付的费用，甚至还有个别的私人性服务。

在政府充分履行了自身基本职能，且财政能力允许的情况下，政府参与私人物品的提供未必一定需要禁止，但问题在于如何度量政府是否充分完成了自身职能。政府是否会因为追求表面的锦上添花而忽略了基本职能？如果政府尚未提供基本公共服务供给，那么，政府向社会组织购买公共服务过程中的这种公私混淆，将可能导致另一种意义上的公共资源浪费。

3.3.3 社会组织缺乏足够的谈判能力，购买成为单向度合作行为

对于购买者与承接者来说，双方的合作应该建立在平等协商的基础上，但目前普遍存在的情况是，即便是相对独立的社会组织，在公共服务供给中也没有足够的能力和地位与购买者处于平等的谈判和协商地位。一方面，社会组织缺乏足够的资源，而且其资源募集能力薄弱。在中国香港，政府在向社会组织购买公共服务的过程中，给社会组织的钱基本上只占公共服务实际支出的80%左右，其他20%需要社会组织自筹。但调查发现，大多数社会组织几乎没有接收到来自社会力量的捐赠。另一方面，社会组织还缺乏足够的社会信任，甚至缺乏基本的社会认可。在社会组织行动能力较弱的情况下，公共服务的购买必定是单向度的合作行为，社会组织在政府购买公共服务过程中，几乎没有谈判的空间，相对被动，这在一定程度上也削弱了社会组织提供公共服务的积极性。

3.3.4 购买程序规范程度较低，合作过程随意性较大

中国政府向社会组织购买服务尚处于试点阶段，相关的制度机制还不完善，所以，政府向社会组织购买公共服务缺乏统一的法律法规及规章指引。即使在《中华人民共和国政府采购法》中，也尚未明确规定政府采购公共服务性产品的相关事项，这就使各级政府向社会组织购买公共服务缺乏全国性的法律依据。从我们的调查来看，有些地方政府自行制定了购买公共服务的指导性意见、实施及考核评估办法，这些规定常常带有行政法规或者条例的特点。但是，由于政府向社会组织购买公共服务普遍缺少理论指导和实践经验，所以政府出台的行政法规

或条例往往缺少实际指导性，其规定的具体实施方法往往缺少可操作性，其制定的考核评估办法缺乏科学合理性等。同时，在我们调查的大多数案例中，政府与社会组织的双方合作或者是基于熟人关系的非制度化程序，或者是实质上的"内部化"合作。很多时候，购买方都未能提供所购买的产品细目与技术标准，也没有公开合理地确定公共服务的价格，而且作为购买者的政府有关部门，对于诸如此类的问题尚未进行仔细深入的考虑。

在政府向社会组织购买公共服务活动中，首先需要明确这一活动的法律地位，其次需要规范购买招标程序，包括招标项目标准、应标组织资质，招标工作程序和评标标准，招标监督程序，招投标双方的权利义务等。此外，还需要修改一系列实体性与程序性的制度和法律。我们的调查也显示，无论是相关政府部门，还是相关社会组织，都希望完善政府向社会组织购买公共服务的制度和程序规范。尤其是社会组织，普遍赞成要改进和完善申请承接公共服务项目的过程，使程序变得更加简单规范。

3.3.5 服务评价和监督体系缺失，服务成本难以控制

政府购买公共服务的绩效评价体系包括两个方面：一是购买公共服务的效率评价体系。效率评价体系主要是评价政府购买服务效率，即购买一定数量的服务所使用的财政资金是否最少，或者说一定量的财政资金是否购买了尽可能多的公共服务，使得这些财政资金实现了最大边际效用。二是购买公共服务的效果评价体系。效果评价体系主要评价公共服务的享用者是否满意，这种评价通过公众满意度来测量政府购买公共服务的效果。但在实际操作中，政府与服务生产者签订合同后，往往难以对合同的履行情况进行有效评价和监督。笔者在调查中发现，对于社会组织生产和提供的公共服务普遍缺乏科学系统的评价体系和强有力的监督体系，尤其是缺乏专门的人员对服务提供过程中的技术问题进行监管。同时，在现有政府体制下对于公共服务的监管权分散在众多的政府部门手中，这些部门通常既是主管部门，又和社会组织有着千丝万缕的联系，复杂的利益纠葛使监管显得非常乏力。

随着经济全球化的发展，政府通过购买的方式提供公共服务已经成为各国政府转变政府职能的重要方式，也是我国近年来"构建服务型政府"和加快"政

府职能变革"的重要手段。政府购买公共服务这一新的提供公共服务的方式较为新颖，在我国起步较晚，社会各界及公众对政府购买公共服务这一模式也不太了解，传统观念尚未转变。目前，政府购买公共服务的项目主要涉及养老助残、社区服务、医疗救助几个基本的公共服务领域，而在教育、文化、住房等主导型的公共服务领域涉及的项目相对较少，且在购买过程中面临着诸多掣肘与障碍。①在居家养老服务方面：目前居家养老以地方政府购买居家养老模式为主流，但由于我国政府购买居家养老服务工作尚处于"摸着石头过河"阶段，这一模式在运行过程中多有困难。养老组织服务水平不高、适老环境设施落后、护理员素质普遍偏低等问题在一定程度上阻碍着居家养老服务高质量发展。部分地方养老服务供应商的服务不规范、地方政府部门监管缺位、服务对象满意度不高等问题亟待解决。此外，社区养老服务站服务项目缺乏个性化、服务岗位缺乏专业人才、日间照料中心服务供给利用率不高、人员流失严重等问题亦屡屡被曝光。②在学前教育服务方面：就江苏省来说，2018 年江苏省在发展幼儿园上投入的总经费为 120 亿元，普惠性学前教育投入经费占比仅为 25%，与公办幼儿园的财政投入比重相差甚远，政府对普惠性民办幼儿园与公办幼儿园的投入严重失衡。除了上海浦东出台了针对政府购买普惠性学前教育服务的文件外，其他地方包括江苏省都未出台针对性文件，仅在学前教育服务相关文件中有所提及；江苏省各地区在制定政府购买普惠性学前教育服务相关政策时，均从各地行政区域来划分该政策受众人群与非受众人群，大多以户籍或者房产等作为划分限制。总体来说，学前教育服务的主要问题在于普惠性学前教育资源不足、家庭分担成本比例高、教育不够公平、公办幼儿园财政拨款制度不合理；政府对普惠性学前教育服务的购买力度不够、资金投入不足；政府购买学前教育服务的过程、主体、监管等方面都无法可依；政府购买学前教育服务的某些规定在一定程度上忽视了社会公正。

基于以上分析，政府购买公共服务的主要问题可以归纳为以下几点：

（1）关于政府购买公共服务的法制建设不完善以及相关规范性文件缺乏基本的法律要素。

（2）购买主体与承接主体签订的购买协议不规范，而且在选择承接主体时通常并不是严格按照公开竞争性的原则进行的，而是建立在"熟人关系"或者是主观"感性认识"的基础上来选择承接主体的。

（3）购买公共服务程序缺失，招投标的过程不透明，使得招投标流于形式，没有实质性的意义。

（4）缺乏相应的监督管理机制，政府通常在与承接主体签订服务购买合同之后选择"一包了之"做个甩手掌柜，很少对服务提供情况、合同履行和执行情况进行实时监督。

4 政府购买公共服务质量的影响因素研究

4.1 导论

自新公共管理运动兴起以来，政府购买公共服务日益成为世界范围内政府提供公共服务的基本手段。我国于 20 世纪 90 年代开始尝试政府购买公共服务，在全面深化改革的背景下，政府购买公共服务逐渐成为推进建设服务型政府的重要方式。2013 年，中央颁布《中共中央关于全面深化改革若干重大问题的决定》，其中强调"推广政府购买服务，凡属事务性管理服务，原则上都要引入竞争机制，通过合同、委托等方式向社会购买"。

然而，政府购买公共服务在我国依然处于起步阶段，在购买过程中面临着诸多掣肘与障碍。例如，四川省达州市一家养老服务中心被爆出虚假服务，养老服务中心工作人员假装为老人洗脚、理发；再如南昌市一言语康复中心的虐童事件等，均为政府购买公共服务的供给过程中所发生的质量问题。为了保证政府购买公共服务的质量，防止产生购买偏差，保障公众利益，有效的质量影响因素研究显得尤为重要。探索政府购买公共服务质量影响因素，并对质量影响因素进行进一步的分析与研究，挖掘其内在机理，可以为质量管控措施提供更具科学性与针对性的有效建议。

为了进行合理、有效的质量影响因素研究，本章首先采用经典的质性研究方法——扎根理论识别政府购买公共服务质量影响因素。利用访谈法收集数据，通过开放性编码、选择性编码以及理论性编码，使政府购买下的公共服务质量影响因素自然涌现。

其次，基于中间顾客感知价值，对政府购买公共服务的质量影响因素进行研究。利用结构方程模型，对设计质量、关系质量、中间顾客感知价值及政府购买公共服务质量间的相互影响关系进行定量分析。

最后，以学前教育服务与居家养老服务为例，分别利用模糊认知图与复杂网络视角，对政府购买公共服务质量的关键影响因素进行界定，从而有助于管理者在有限的公共服务资源限制下做出正确的质量提升决策。

4.2　政府购买公共服务质量的影响因素识别

笔者通过对我国政府购买公共服务的初步调查，了解到政府向社会组织购买公共服务的主要内容、方式以及我国政府购买公共服务的现存问题与主要成效。基于此，为实现建立政府购买公共服务质量管控体系的目的，本书采用扎根理论对政府购买公共服务质量影响因素进行识别与初步分析。

扎根理论由 Glaser 和 Strauss 提出，旨在在没有相关研究假设的情况下，从大量资料中自下而上建立理论。其核心在于通过科学的归纳、演绎、对比分析，逐步循环地提炼出概念及其关系，从而形成最终的概念。扎根理论自 1967 年被提出以来，在概念、应用技术乃至范式方面都经历了半个多世纪的变迁，并且在我国的应用发展过程中，也经历了本土化的调适，现已被大量运用到各个领域，如教育、企业发展、消费行为等。陈向明（2015）探讨扎根理论在我国教育领域应用的可行性，通过结合中国课堂的教学实例，阐明扎根理论对于我国教育研究的意义。杜晓君和刘赫（2012）为识别中国企业在进行海外并购时所面临的风险，应用扎根理论构建以"跨文化风险"为核心的中国企业海外并购风险体系。为有效推进绿色消费行为的转变，王建明和贺爱忠（2011）采用扎根理论，旨在归纳、制定出更能满足信息时代需求的定制化绿色信息。周文辉（2015）则选取企业间的互动案例为研究对象，运用扎根理论的编码程序，识别知识服务、价值共创与创新绩效所包含的具体要素。由于数据来源多样、内容丰富，扎根理论研究应用场景广泛，容易得出新概念，作为一种重要的质性研究方法，其在管理学领域备受青睐。

扎根理论是一种典型的质性研究方法。所谓扎根，是指基于原始资料（包括访谈、田野调查、问卷调查或者文献资料）得到的数据，其最核心的是研究问题和研究结果的自然涌现。在整个扎根理论的研究过程中，有一个鲜明的特点，即不断比较。不断比较是指在收集数据之后，立即对数据进行分析，并将分析的数据与已有概念、范畴进行比较，看是否有新的概念产生，若有新的概念产生，就进行重复工作，收集数据并进行分析，直至达到理论饱和。因此，扎根理论也被称为"不断比较"的方法。扎根理论的研究过程包含三个编码程序，分别是开放性编码、选择性编码以及理论性编码。通过这三个层次的编码，可以逐步得出政府购买公共服务质量的关键影响因素。

4.2.1 开放性编码

（1）数据收集。开放性编码是指研究者在保持开放性思维的过程中，将原始数据打乱、重组，并使之范畴化、概念化。笔者与政府购买服务中的特教中心、养老院以及幼儿园的负责人进行访谈交流，通过问题引导，获取第一手的数据资料。问题设计的依据是紧紧抓住服务质量以及顾客满意度的相关方面，并牢记政府购买这个前提。为了了解政府购买公共服务之后的角色转变是否会影响公共服务质量，笔者针对此问题设计访问提纲，如"作为政府购买下的公共服务，政府与你们的联系紧密吗？""一般是哪个部门负责监督你们所提供服务的质量？"为了了解提供服务的社会组织是否会为了盈利而收费过高，可以设计"你们的收费是一个什么样的情况，会不会像其他私营企业一样具有商业性"这样的问题。为了了解社会组织中直接影响供给服务质量的因素，可以用"您认为影响特教中心服务质量最主要的因素是哪一方面"这样的问题加以引导。此外，通过"作为特殊服务机构，特教中心在社会上的竞争情况如何"这样的问题可以了解到社会组织是否会因为市场而影响服务质量。通过访问获得数据后，就对这些资料进行记录、整理与分析。除通过访谈法获取直接数据资料外，还可以运用观察法获得一些间接信息，比如观察特教中心里的孩子是否能开心地学习和生活、这些社会组织中的设施是否需要更换等，以此来收集影响政府购买公共服务质量的第一手资料。

（2）数据处理。在获得数据之后就可以对其进行处理。具体的处理过程即对数据做开放性编码，对第一手资料不含任何偏见，以一种开放性的态度将数据打乱、重组，进而概念化。编码结果见表4-1。

表4-1 开放性编码结果

概念化	范畴化	参考点
a1 政府监管意识不足		（1）我们与政府的联系也不是很密切，除了一些资金上的补贴，后期在养老院服务监管方面，政府可以说是撒手了
a2 政府监管能力不够	将a1至a3范畴化为A1政府因素	（2）在监督方面，我也了解到政府由于没有专门的监督部门而在监督方面有所松懈
a3 政府防腐防异化能力不足		（3）政府购买公共服务质量水平的关键是社会组织的选择，而选择主体也就是政府。如果政府没有通过严格的程序，而是为了一己私利选择社会组织并由其向社会提供服务，这也是一种政府的腐败行为
a4 市场逐利本性风险	将a4至a5范畴化为A2市场因素	（4）如何实现普及化也是我们的难点，社会上也有许多为了自己的利益而收费过高的组织
a5 市场竞争不足风险		（5）特教中心在镇江确实就我们一家，竞争情况不会很激烈
a6 社会组织中专业人才的匮乏	将a6至a7范畴化为A3社会组织因素	（6）由于学生的特殊性，我们对老师的要求也相对较高。一方面，老师要熟练掌握手语，能够与学生正常沟通，还要求掌握盲文；另一方面，还要求老师对心理学有一定的了解，因为我们的学生属于特殊群体，所以他们的心理可能会没有正常孩子那么健全，会有自卑心理等，这时候我们就要求老师对孩子进行耐心的了解和引导，让他们也能够像正常孩子那样健康成长，这包括生理和心理上的健康
a7 社会组织中设施资源的缺乏		（7）所以我们首要考虑、重视的是孩子的安全问题，比如幼儿园中的设施、饭菜食品等都要安全、卫生；我们购买的游乐设施、教学设施等都是通过正规渠道，且会保证其使用安全；还有幼儿园中的食品都是由我们招聘的专业厨师做的，保证营养均衡且安全

续表

概念化	范畴化	参考点
a8 弱势群体自我保护意识薄弱	将 a8 范畴化为 A4 公众因素	(8) 我们服务的对象正是这群弱势群体，而且服务质量的好坏也是由他们来评价的，因此我们不应因为他们特殊身份而忽略他们的"声音"。他们的监督是我们进步的动力，并且我们有申诉渠道，可以让孩子保护自己的合法权益
a9 经济条件限制	将 a9 至 a10 范畴化为 A5 环境因素	(9) 这也仅是我们这里的情况，由于这里的经济条件毕竟不像西部地区，而且我们的收费也是个性化与人性化相结合，所以暂未出现因经济问题而中断我们养老院服务的情况
a10 制度文件缺失		(10) 我们幼儿园没有收到政府制定的相关文件或受到制度规范
a11 监督主体不明	将 a11 至 a13 范畴化为 A6 监督因素	(11) 监督工作主要是自我监督，自己根据大众的要求不断地改进自己的服务。除此之外，政府的监督力度我认为不是很大
a12 监督内容不完整		(12) 我们主要是根据自己制定的服务要求来监督我们的工作内容是否能够达到公众的满意度，以此监督我们工作人员的服务水平
a13 监督依据不明确		(13) 我们幼儿园没有收到政府制定的相关文件或受到制度规范

4.2.2　选择性编码

选择性编码就是在开放性编码所形成的范畴中选择一个核心范畴。核心范畴是与其他范畴关联最为密切的一个，且核心范畴会对其他范畴产生一定的解释作用及影响。在本次编码中，监管因素就是其核心范畴。因为可能是由政府监管不足、社会组织自我监管不足或者是公众监管意识不足所引发的，并且监管不足会导致影响公共服务质量的市场因素比如市场逐利行为的产生。而环境因素，如有关制度的制定或当地的实际经济情况等硬性条件支撑的缺失都会导致监管缺失。因此，监管因素是此次编码过程中的核心范畴。

4.2.3 理论性编码

Glaser 指出，理论性编码就是开放性编码、选择性编码所形成的概念或范畴间隐含的相互关系，如并列、因果和递进等。通过选择性编码可以得出，监管因素为影响政府购买公共服务的核心范畴，即监管因素与其他五种因素的联系最为密切，其他五种因素影响或者作用于监管因素。由此，可以得出监管因素与其他影响政府购买公共服务质量因素之间的关系模型，如图4－1所示。

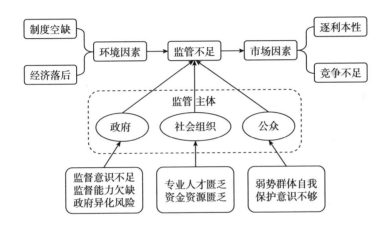

图 4－1 理论性编码结果

通过扎根理论可知，政府购买公共服务质量的主要影响因素是监管不足。首先，由环境因素这一客观原因导致的监管不足是由当地实际经济条件的落后以及操作性制度的缺失造成的。如果没有经济、制度的硬性支撑，监督将无从谈起。而导致监管不足的主观人为因素包括政府、社会组织以及公众监管的缺失。究其原因，除了政府没有意识到自己是责任买主而导致的监管意识不足，以及政府职能繁多而无专门的监督部门，再加上公共服务绩效难以衡量等导致的政府专业监管能力欠缺之外，还有一个重要原因，那就是当政府官员将自身利益与社会组织的选择相挂钩时，必然导致政府异化、腐败而放弃监管。这些因素都会造成政府的监管不足。其次，社会组织的自我监督也异常重要。但是，当社会组织自身发展落后时，就无法保证监管的有效性。社会组织对专业人才、资金以及硬件设备的供给情况都将直接影响政府购买公共服务的质量。最后，作为公共服务最终消费者的社会公众，由于自身处于弱势地位，从而缺乏自我保护意识，对政府购买公共服务的监管也不够。

总而言之，无论是环境因素，还是政府因素、社会组织因素以及公众因素，它们对政府购买公共服务质量的影响都可以归结为监管不足。而对政府购买公共服务的监管不足，也将使社会组织变得市场化、商业化，从而丢失公益性，转而追逐市场利益。此外，社会组织也会由于自身提供服务的特殊性而在市场上的竞争力不足。若没有严格的监督，将导致它在服务质量上止步不前。也就是说，没有竞争也就没有动力，从而影响政府购买公共服务的质量。

4.2.4　政府购买公共服务质量的影响因素分析

根据具体的编码结果，笔者将政府购买公共服务质量的影响因素归结为六个，分别是作为核心范畴的监管因素以及政府因素、公众因素、社会组织因素、市场因素和环境因素。了解各影响因素的具体情况是对政府购买公共服务进行有效管控的基础。

4.2.4.1　监管因素

我国政府购买公共服务的理论和实践尚不完善，所以监管对于提高我国政府购买公共服务质量的作用与影响是极为重要的。而监管所涉及的主要内容可以分为以下三点，即"谁来监管""监管什么"以及"如何监管"。

（1）谁来监管。政府购买公共服务涉及三个责任主体，即政府组织、社会组织和社会公众，这三个群体都要为政府购买公共服务的质量负责。首先，责任认定是重中之重。政府作为购买主体，不能一买了之。许多地方政府只在购买之初进行资金监督，决定向谁买、买什么，而在购买的实施阶段或后期，政府往往会忘记自己的监督责任。政府应做一个负责任的买主。例如，武汉市和杭州市的公共自行车租赁服务质量的对比就具体表现出了政府监管的重要性。武汉市的公共自行车工程由于政府撒手，已经以烂尾收场，尽管如此，运营企业却通过政府的资金补贴而盈利；而杭州市的公共自行车工程被评选为全球最好的地区自行车租赁系统之一，其成功原因是实行了"政府主导，企业运作"这样的政策，将政府摆在了主导位置。在武汉市，政府仅在建设初期投入资金以及公共资源，并没有拿出长期监督的有效方案，导致这项公共服务变成烂尾工程。杭州市与武汉市的公共自行车租赁案例说明，政府购买公共服务不是一锤子买卖。其次，政府组织下设财务、审计、民政和工商管理等多个部门，这些部门对政府购买公共服务的质量都负有责任。这些部门看起来是"齐抓共管"，共同对政府购买公共服务这个过程负责，而实际上却互相推诿，分散了监督责任。除了政府要担负起监督重责，社会组织也要在提供服务的过程中自我监督，防止损害服务质量行为的出现。社会组织作为与政府购买公共服务最为密切的组织，要本着"为人民服务"的宗旨，不应该为了一己私利追逐市场利润，应该自我监督，保证公众利益。最后，作为公共服务最终享用者的公众，也应该将监督作为一种保护自身合法权益的重要方式。在我国，政府购买公共服务的购买者和享受者高度分离，许多公共服务的享用公众为弱势群体，需要具备一定的自我保护意识和监管意识。

（2）监管什么。监管的内容决定了监管的效果。这直接影响相关责任主体能否真正起到监管作用，能否真正提高政府购买公共服务的质量。为了保证监管地有力执行，就要进行全过程的监管。可以将政府购买公共服务的全过程分为"买什么""向谁买""如何买"，这三个环节基本构成了政府购买公共服务的整个过程。因此，监督的范围不能局限于事前的资金监督，这样远远不够；也不能局限于事后监督，这样只能在出现问题之后解决问题，而不能防止问题的出现或者根治问题。监管应贯穿全过程。

（3）如何监管。首先，在政府购买公共服务的前期抓标准。要监督，就要先制定标准或者制度。要制定详细的公共服务的各项质量指标和可行的标准或制度，只有这样，监管主体在实行监管时才能对照标准执行。其次，在政府购买公共服务的中期抓合同。政府购买公共服务时要签订合同，在公共服务的中期要遵守合同约定的内容。监督主体，不仅要监督社会组织是否按照合同要求提供了高质量的服务，也要监督政府是否担当起了作为责任买主应担负的责任。最后，在政府购买公共服务的后期抓效果。监督主体应该根据社会绩效和经济绩效对社会组织实行监督，利用奖惩制度，对没能按照合同要求提供公共服务的社会组织进行惩罚，以提高监督效果。

4.2.4.2 政府因素

政府购买公共服务是我国社会管理模式的创新，由此政府实现了由"服务供给者"向"监督者"的转变。政府作为责任买主,对政府购买的公共服务质量应承担责任。首先,由于政府监督责任意识不足,往往会发生"一买了之"的情况。如果政府仅仅将自己的责任定位于提供资金、资源,将角色转变视为甩包袱、免责任、减压力的一种方式,势必会损害公众权益以及政府形象。其次,政府监督能力不足也是影响政府购买公共服务质量的重要因素。政府管理人员工作繁多,缺乏专门部门的协助,加之公共服务质量水平难以衡量,从而导致政府监督不力。这些都将降低公共服务的质量水平。最后,政府存在异化的风险。政府异化指的是政府在购买公共服务的过程中,在我国主要采用招投标方式,如果其购买的公共服务质量与政府官员的晋升等没有直接利益联系,政府的购买选择便可能丧失公益性,大多会选择与自身利益关系最为密切的组织承担社会公共服务的供给。这样会使政府购买的公共服务质量丧失公益性,而且会使公共服务质量得不到保障。

4.2.4.3 公众因素

公众是政府购买公共服务的最终服务对象,而现在一些地方政府购买服务追求的是规模效应,抓紧把钱花出去,而忽略了最终的归宿——公众。政府购买公共服务质量的好坏绝大部分也是由消费者——公众说了算,因此公众因素不容忽视。政府购买公共服务的对象是社会弱势群体,如老人、小孩或者残障人士等,这类群体通常缺乏一定的监督意识和权利意识,导致这类群体对政府缺乏监管,服务质量得不到保障。

4.2.4.4 社会组织因素

社会组织中的资源包括专业人才资源、资金资源和设施资源等。一些狭隘领域中的公共服务需要具有特殊技能的人才,这些专业人才的水平直接影响所提供服务的质量。比如,特教中心对从事特殊教育的老师不仅有手语、盲文的专业要求,而且要求老师具备一定的心理学知识。典型的反面案例如南昌市一言语康复中心的虐童事件,那些对残障儿童施暴的"老师"并没有专业技术上岗证,甚至连最基本的师德都没有,严重损害了社会和政府形象。另外,由于政府资金有限,社会捐款不多,导致社会组织中硬件设施匮乏。在公共服务领域,没有良好设施、设备的支撑,将直接影响供给服务的质量。

4.2.4.5　市场因素

与市场因素相关的影响政府购买公共服务质量的原因大致有两点,分别为市场的逐利本性以及市场竞争不足。首先,市场追求的是利益、效率,市场意味着每个人都要不断地努力为自己所能支配的资本找到最有利的用途,而政府购买公共服务的初衷是公益性,是为了给公众提供高质量的公共服务。若社会组织一味追求市场利润,就会导致支付能力有限的人被拒之门外。这就违背了政府购买公共服务是为普遍大众服务的初衷,导致公平性、公益性、普遍性的宗旨被破坏。当社会一部分公众由于支付能力有限而得不到帮助和服务,质量保障又从何谈起? 其次,社会组织存在市场竞争不足的风险。有竞争才有压力,有压力才会为得到更多客户而提高自己的服务质量。如果没有竞争,社会组织就会满足于现状,而不致力于提高自己的实力,也不会为顾客提供高质量的服务。因此,市场竞争也是提高政府购买公共服务质量的要素之一。

4.2.4.6　环境因素

这里的环境因素指的是宏观条件,包含两个方面:一是制度条件;二是经济条件。首先,我国关于政府购买公共服务的制度政策多集中于顶层设计,如《中华人民共和国政府采购法》《国务院办公厅关于政府向社会力量购买服务的指导意见》等,而具体操作性的政府购买制度文件却不多,落实或者实行方面的制度还不完善。要提高政府购买公共服务的质量,就要制订可行的方案,明文规定实行步骤等,从而保障质量水平。其次,经济条件也是重要的影响因素。政府购买公共服务发展较好的地区是上海、北京、深圳等。尽管政府购买公共服务是一项普惠性制度,但它确实需要政府的资金支持或以公众主体的经济条件为支撑。因此,要提高政府购买公共服务的质量水平,当地的经济条件也是一个重要因素。

4.2.4.7　管控措施

通过扎根理论的三步编码可知,成熟而有效的监管对于政府购买公共服务质量尤为重要,各种影响因素都会对其质量产生具体影响。因此,必须对政府购买公共服务质量提出具有针对性的管控措施。

(1)建立质量控制相关机制。根据扎根理论的理论性编码可知,环境因素等硬性条件的缺失是监管不足的首要原因。仅在事后进行监管,对于那些"于事无补"的错误是无效的。因此,建立质量控制相关机制,如信息收集传递机制、风险检测机制以及风险响应机制，明确与监督相关的机制，让监督切实可行。在构建信息收集传递机制时可以采用听证制度，一方面要求社会组织将自己的财务信息、服务水平情况在社会上公开；另一方面公众可以通过各种形式，包括电话、邮件、直接向上级申诉等手段来维护自己的权益，并且解决结果也要公布。要实现信息的双向传递，提高对政府购买公共服务质量的监督力度。在运用风险检测机制时，要对影响政府购买公共服务质量的全过程进行风险检测。具体来说，就是运用科学的技术方法，按照规定的检测流程，检查每个阶段的运行情况并预测可能出现的风险，主要以定期检查为主，不定期抽查为辅；要对容易发生风险的阶段进行重点检查，对进展较为稳定的过程进行常规检查，即抓重点、"牵牛鼻子"。检查结果要及时整理，录入信息系统，为风险预防做准备，并且要将定量分析与定性分析相结合，运用科学的方法计算、分析出各种风险发生的可能性、发生的后果与影响，将风险进行等级划分，并将结果公布于众，警示各个主体防范风险，保证供给服务质量。在制定风险响应机制时，可将能力成熟度模型应用于政府应急管理能力的评估工作中，为及时应对不同风险并采取不同措施做好准备。

（2）确定监督内容与过程。政府购买公共服务的宗旨是用尽可能少的经费为公众提供高质量的服务，所以政府购买公共服务涉及两个目标：一是经费目标；二是绩效目标。进而，对政府购买公共服务的监督内容可分为两大类——经费监督和绩效监督。对资金使用情况的监督包含两方面：首先是监督政府作为买主采购公共服务的资金使用情况，防止政府中饱私囊或政府与社会组织沆瀣一气，不正当使用资金；其次是监督作为公共服务的直接提供者即社会组织的资金使用情况，防止社会组织为追求市场利益、损害公众利益而不正当使用资金。对政府购买公共服务绩效的监督主要体现在对社会组织提供公共服务质量的监督上。为保证政府购买公共服务的质量，对社会组织应有一定的要求。上文从开放性编码中所得到的影响社会组织服务质量的因素主要是专业人才资源以及资金资源，因此，为保证服务质量，监管主体需要对社会组织中的上岗员工是否具备专业素养以及服务设备是否达标等情况进行监督。

（3）成立风险预警组织机构。由前文扎根理论中的理论性编码可知，政府、社会组织以及公众对政府购买公共服务的质量都有监督职责。因此，应建立一个专门的监督组织机构。该监管组织机构主要起风险预警作用，其中应包含在政府购买公共服务各个过程中发挥重要作用的人员，具体包括政府购买公共服务的管理者、法律专家、质量管理专家、财务人员等。此外，引入第三方评估机构也是相当重要的。第三方监督机构指的是社会组织以及社会公众之外的非政府机构。成熟的第三方监管机构具有专业成熟度以及权威性，往往是某个行业的领头羊。在政府购买公共服务这个过程中可能会产生腐败现象，比如政府官员与社会组织之间的不合法关系，此时第三方监督机构自身的独立性及中立性就会起作用。一方面，第三方监督机构因为自身的专业性，可以高效监管政府购买公共服务的质量；另一方面，由于第三方监管机构的独立性，可以保证政府购买公共服务的公平性。

（4）构建完善的标准体系。监管的基础是要有一个专门的标准对照体系，具体标准的构建可以由各个社会组织所提供的公共服务的中央管理层来制定。公共服务的中央管理层可以结合各行各业的专家意见以及各行业领军品牌的有效做法来制定标准。地方管理层可以在中央最高层制定的标准框架内，根据各地的实际经济条件或行业发展情况，制定具体、完善的标准体系。

（5）明确严格的考核奖惩机制。在实施监管时，可以结合绩效考核制度与奖惩制度，对按照合同要求高质量提供公共服务的社会组织给予一定的表扬与肯定，并将其服务质量与之后政府的招投标相联系；对没有按照要求提供公共服务的社会组织，应对其进行相关的资金惩罚或将其列入黑名单，禁止其参与以后的公共服务招投标。

4.3　政府购买公共服务质量的影响因素分析

政府向社会力量购买公共服务源于西方的社会福利制度改革，20 世纪 90 年代以后，越来越多的国家都开始采用这种方式向社会提供公共服务，政府购买公共服务逐渐成为一种世界性的制度安排，发展成为现代公共服务供给的一种主流模式和国际发展趋势。在我国，随着城镇化的逐步深入，大量人口从农村流向城市，城市社会公共服务需求急剧增加，其供给的不足已经严重影响了城镇化的进程，因此，鼓励社会力量参与公共服务事业，将适合市场化方式提供的公共服务事项通过政府向社会力量购买的方式提供，可以有效解决城镇化过程中公共服务不足的问题，是满足日益增长的公共服务需求的有效手段。

但是与欧美等发达国家和地区相比，我国尚处于政府购买公共服务的初级阶段，依然存在着很多问题，总体水平还较低。与一般的购买形式不同，公共服务购买的公众性更容易造成购买结果的偏差，产生腐败，从而损害公共利益。为了保证政府购买公共服务的质量，防止购买偏差，保障公共利益，合理、有效的质量评估显得尤为重要，能为进一步开展政府购买公共服务提供决策依据，有助于政府对购买公共服务实施系统有效的质量监控和质量改进措施。

国内外关于政府购买公共服务的研究，无论是在理论方面还是在实践方面都取得了较快的进展，但是从文献检索结果来看，当前研究关注于购买范围、购买模式、风险与责任等方面，而关于政府购买下的公共服务质量控制方面的相关研究成果较少。张钢等（2008）在分析了公共服务的公民价值内涵及实现过程的基础上，建立了面向公民价值的政府公共服务质量评价体系，但是该研究中的公共服务质量并未考虑政府购买下的公共服务质量。魏中龙等（2010）构建了政府购买服务效率评价体系及基于 SOM 神经网络的效率评价模型，但是仅从投入产出出发进行效率评价，不能更多考虑公共服务质量因素。

本节从中间顾客感知价值角度出发，研究政府购买公共服务的质量传递关系。首先对政府购买公共服务中的顾客进行界定与识别，将顾客分为以服务供给机构工作人员为主要构成的中间顾客及接受公共服务的终端顾客两大类，在此基础上，基于中间顾客感知价值，引入设计质量、关系质量，从而建立结构方程模型，研究其中的质量影响关系。

4.3.1 政府购买公共服务价值传递链中顾客的界定与识别

在政府购买公共服务的过程中，必须明确区分作为服务购买者的地方政府、顾客（接受服务的公众）及服务供给机构（通常为营利或非营利的社会组织）三者的不同地位和相互关系。这三者之间的关系如图 4-2 所示。

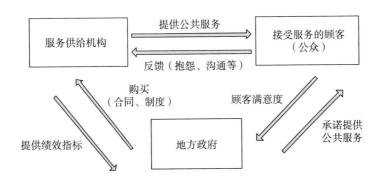

图 4 - 2 服务供给机构、地方政府、公众三者相互关系

　　政府购买公共服务时，政府不再直接提供公共服务，而是转移给社会组织，由社会组织向公众提供公共服务，政府由"供应者"转为"监督者"，政府购买公共服务的服务价值链如图 4 - 3 所示。按照顾客满意（Customer Satisfaction, CS）战略中提出的内部顾客理论，顾客满意包括内部顾客满意和外部顾客满意，其观点为：以外部顾客满意为标准，促使内部顾客积极参与，努力工作，从各方面提高工作质量，有满意的内部顾客，才有满意的产品和服务；有满意的产品和服务，才有满意的顾客；有满意的顾客，才有满意的效益。因此，本书对内部顾客与外部顾客的概念进行扩展，将政府购买公共服务中的顾客分为中间顾客和最终顾客。其中，中间顾客是服务提供机构（社会组织）的工作人员，他们直接提供公共服务给公众，但是他们不是政府工作人员，不属于政府内部人员，因此将他们界定为公共服务价值链中的中间顾客。社会公众作为公共服务的直接享受者是政府购买公共服务的终端顾客。

图 4 - 3 政府购买公共服务价值链

4.3.2 政府购买公共服务质量影响关系结构方程模型基础分析

（1）顾客感知价值概述。顾客感知价值是指顾客对企业提供的产品和服务所具有价值的主观认知，即基于顾客的价值判断。传统意义上的顾客价值概念（企业认为自己的产品或服务可以为顾客提供的价值）与此不同，因此顾客感知价值具有主观性、动态性等特点。在政府购买下的公共服务提供中，不同类的顾客对于同一项服务的感知价值必然有差别，而同类顾客在不同情境和不同阶段，对公共服务价值的感知亦具有很大差别。本书在界定政府购买公共服务顾客概念的基础上，从中间顾客的感知价值出发，研究政府购买下的公共服务质量影响关系，从而为政府购买公共服务质量控制和质量改进奠定基础。

（2）中间顾客的感知价值。Rhee 和 Rha 运用关键事件技术（Critical Incident Technique，CIT）研究了政府购买下公共服务质量属性的构成，并总结了公共服务质量构成的四个维度，分别是设计质量、过程质量、结果质量和关系质量。中间顾客是服务提供机构的工作人员，他们接受政府的委托向公众提供公共服务。中间顾客有意愿提供公共服务，但是他们不是政府工作人员，作为公共服务价值链中的一员，他们的视角和所关注的质量属性与政府工作人员不同。中间顾客更关注在政策制定和公共服务设计阶段，政府的政策和服务的开发是否合理和满意，以及在服务传递过程中与政府和其他相关方的关系深度及氛围如何，亦即中间顾客的感知价值主要来源于设计质量感知和关系质量感知。

（3）政府购买公共服务质量影响关系结构方程模型的构建。从中间顾客感知价值入手，由于其感知价值源于设计质量和关系质量，因此，选取中间顾客感知价值、设计质量、关系质量作为政府购买下公共服务质量关系结构方程模型的三个潜变量。而设计质量、关系质量及中间顾客感知价值又共同直接影响着政府购买下公共服务质量，鉴于此，选择政府购买下的公共服务质量作为第四个潜变量，得到如图 4-4 所示的基于中间顾客感知价值的政府购买公共服务质量关系结构方程模型。

为了能够有效利用结构方程模型来检验政府购买公共服务的质量影响关系，本书提出如下研究假设：

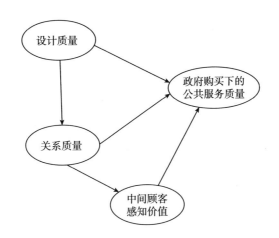

图 4 - 4　政府购买公共服务质量关系结构方程模型

H1：设计质量对政府购买下的公共服务质量具有正向直接影响。

H2：关系质量对政府购买下的公共服务质量具有正向直接影响。

H3：中间顾客感知价值对政府购买下的公共服务质量具有正向直接影响。

H4：设计质量对关系质量具有正向直接影响。

H5：关系质量对中间顾客感知价值具有正向直接影响。

4.3.3　基于中间顾客感知价值的政府购买公共服务质量关系结构方程模型的建立

4.3.3.1　结构方程模型简介

结构方程模型（SEM）是基于变量的协方差矩阵分析变量之间关系的一种统计分析方法，能够同时处理多个因变量，主要用于处理多个原因、多个结果及含有潜变量的问题，其基本思想是通过样本求得变量的协方差矩阵（或相关阵）S，由样本数据对所假设的模型进行参数估计，找出模型成立时上述变量间的协方差阵（或相关阵）C，再用统计方法比较 S 与 C 的差异，差异越小，则表示假设的模型越好。

4.3.3.2　潜变量指标选择

以上确定的政府购买下公共服务质量影响关系的潜变量无法被直接测量，需要通过其他的可观测指标来反映。

（1）设计质量指的是政府购买公共服务相关政策的制定和公共服务的设计满足顾客需求的程度，因此，选取政策设计的合理性、资源的可得性、实质性的措施、运作的有效性作为设计质量的观测指标。

（2）关系质量指的是提供公共服务的社会组织及其工作人员与政府及其他相关方的关系满足其需求的程度，因此，选取协调性、协作性、放权及合作氛围来反映关系质量状况。

（3）根据 SERVQUAL 模型中的五个维度，本书以所提供公共服务的有形性、可靠性、响应性、保证性和移情性作为政府购买的公共服务质量的测量指标，并且考虑到公共服务的特殊性，公平性也作为其测量指标之一。

（4）中间顾客感知价值指的是中间顾客（服务供给机构的工作人员）对于政府购买公共服务过程及其结果所具有价值的主观认知，根据上文对于中间顾客感知价值来源的分析，这里以中间顾客分别对于设计质量和关系质量的总体感知价值评分共同反映中间顾客感知价值这一潜变量。

4.3.3.3 结构方程模型的拟合及效果分析

（1）数据收集与分析。为了验证本章所提假设（H1、H2、H3、H4 和 H5），本书依据所选定的观测变量设计调查问卷，问卷采用李克特量表，要求被调查者对各观测变量进行 1 ~ 5 的评判。选取江苏省各城市中由政府购买提供公共服务的各社会组织工作人员作为调查对象，由课题组向南京、镇江、苏州、徐州、连云港等地，涉及幼教服务、养老服务、医疗服务等基本公共服务的 21 个供给机构工作人员发放调查问卷共 420 份，回收 408 份，其中有效问卷 395 份。

（2）模型拟合。本书选用结构方程模型作为建模手段，运用 SPSS 19.0 和 AMOS 17.0 对数据进行分析处理。通过对模型进行分析，可以得到各个潜变量之间的路径系数及观测变量和潜变量之间的因素负荷，其结果如图 4 - 5 所示，结构方程模型拟合结果如表 4 - 2 所示。

表 4 - 2 的拟合结果显示，本书所提的结构方程模型拟合较好，即该结构关系较好地反映了政府购买公共服务中的质量影响关系。

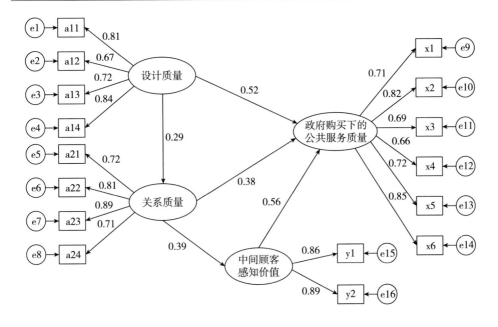

图 4 – 5　模型拟合结果

表 4 – 2　结构方程模型拟合结果

拟合指标	拟合值	理想值
自由度（df）	115	
χ^2	175.33	
χ^2/df	1.525	< 2
RMSEA	0.067	< 0.08
NNFI	0.96	> 0.90
CFI	0.96	> 0.90
NFI	0.91	> 0.90

4.3.3.4　结果分析

（1）假设验证。根据拟合得到的政府购买公共服务质量关系的结构方程模型，对所提出的假设进行判别，具体如表 4 – 3 所示。

表 4-3　研究假设的验证结果

研究假设	标准化参数估计值	T 值	验证结果
H1	0.52	6.84	支持
H2	0.38	4.21	支持
H3	0.56	3.97	支持
H4	0.29	2.89	支持
H5	0.39	3.65	支持

（2）验证结果分析。通过结构方程模型的拟合分析，本书所提出的 5 个研究假设都通过验证，即设计质量、关系质量及中间顾客的感知价值均对政府购买下的公共服务质量具有直接的正向影响。

设计质量对公共服务质量的路径系数为 0.52，同时设计质量通过对关系质量的直接影响间接影响公共服务质量，设计质量对政府购买下公共服务质量的影响程度为 0.6935（0.52 + 0.29 × 0.38 + 0.29 × 0.39 × 0.56）；关系质量一方面以路径系数 0.38 直接影响着公共服务质量，同时通过对中间顾客感知价值的直接影响间接影响着公共服务质量，关系质量对政府购买下的公共服务质量的影响程度为 0.5984（0.38 + 0.39 × 0.56）；中间顾客感知价值以路径系数 0.56 直接影响着公共服务质量。综合以上分析可见，设计质量对政府购买下的公共服务质量影响最大，且其亦影响着关系质量和中间顾客感知价值，因此可以说，政府购买公共服务政策的顶层设计从根本上影响了该政策的有效性和效率。

4.4　政府购买公共服务关键质量影响因素界定

政府购买公共服务质量影响因素的识别与政府购买公共服务质量影响关系分析为该政策的质量管控提供了思路。在公众服务需求庞大、公共服务资源日益紧缺的背景下，识别政府购买公共服务下的关键质量影响因素，有助于管理者进行更有针对性的质量管控。

4.4.1 政府购买学前教育服务关键质量影响因素界定

随着我国经济社会的高速发展以及各级教育普及程度的不断提高，国民受教育机会进一步扩大。供给约束型教育逐步消失，取而代之的是需求导向型教育。但我国学前教育服务供需矛盾日益显著，即有限的学前教育服务供给者无法满足日益增长的学前教育服务需求。

为缓解学前教育供需矛盾，《国务院关于当前发展学前教育的若干意见》中提出"鼓励社会力量以多种形式举办幼儿园……积极扶持民办幼儿园特别是面向大众、收费较低的普惠性民办幼儿园发展。采取政府购买服务、减免租金、以奖代补、派驻公办教师等方式，引导和支持民办幼儿园提供普惠性服务"。由此可见，政府购买学前教育是解决学前教育服务供需矛盾的必要途径，也是提供普惠性学前教育服务、响应国家政策号召的必然选择。

4.4.1.1 模糊认知图

模糊认知图（Fuzzy Cognitive Map，FCM）是一种处理因果关系的智能工具，其涵盖了模糊逻辑、神经网络以及不确定理论等多个领域。作为一种软计算工具，FCM 进行多专家知识的综合并进行系统分析，为因果关系建立了一个可计算的模型。尽管 FCM 研究在我国起步较晚，然而各领域专家已认识到其科学性与实用性，利用 FCM 知识表示清晰、推理过程方便等特点，被广泛运用至多个领域的控制决策、风险评估、质量控制等方面。周娟等（2016）将 FCM 与证据理论相融合，构建了一种可以综合应对反应式、预防式、预报式和先行式四种质量控制模式的决策模型。徐涛和巩军（2015）利用 FCM 构建了一种船舶维修风险评估模型，能够有效减少船舶维修风险，提高维修效率。吕文学等（2014）运用 FCM 对工程项目争端决策进行研究，通过简单动态分析和情景设置，得出影响争端结果的因素。马辉和王云龙（2017）利用 FCM 模型对建筑信息模型（Building Information Model，BIM）情境下工程项目参与方合作关系进行研究，得出对合作关系有关键影响作用的因素以及对合作关系有阻碍作用的因素。Bevilacqua 等（2018）将 FCM 运用至药品管理过程，找出影响药物管理过程的关键因素，从而为病人提供更高质量的服务。

本书将 FCM 运用至政府购买视域下的学前教育服务中，构建普惠性学前教育服务质量 FCM 模型，为其质量改进提供一种科学的决策方法。普惠性学前教育服务质量模糊认知图由三部分构成，分别是概念节点（即政府购买下普惠性学前教育服务质量影响因素、结果、目的等）、有向弧（即政府购买下普惠性学前教育服务质量 FCM 模型中概念节点之间的相互关系）以及有向弧上的权重（表示关系的强弱程度）。模糊认知图中箭头起始于原因节点，指向于结果节点。图 4-6 展示了一个简单的模糊认知图模型。节点 A~E 代表政府购买下普惠性学前教育服务质量影响因素节点、结果节点、目的节点等，$w12$ 表示概念节点 A 与概念节点 B 之间的相关关系，节点 A 指向节点 B 表示节点 A 对 B 有影响关系，也就是由节点 A 引发节点 B 的发生。其他同理。

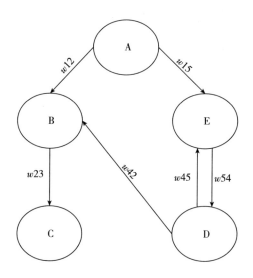

图 4-6 模糊认知图基本模型

根据图 4-6 可以得到邻接矩阵，可应用于 FCM 模型的推理过程。该模糊认知图对应的邻接矩阵如下：

$$\begin{pmatrix} 0 & w_{12} & 0 & 0 & w_{15} \\ 0 & 0 & w_{23} & 0 & 0 \\ 0 & 0 & 0 & 0 & 0 \\ 0 & w_{42} & 0 & 0 & w_{45} \\ 0 & 0 & 0 & w_{54} & 0 \end{pmatrix} \tag{4.1}$$

在 FCM 推理过程中，随着推理的进行，各个概念节点在不同时刻具有不同的状态值。用 $v_i(t)$ 表示政府购买下普惠性学前教育服务质量中概念节点 i 在 t 时刻的状态值，则学前教育服务质量 FCM 模型中各个概念节点在 t 时刻的状态值可表示为：

$$V(t) = (v_1(t), v_2(t), \cdots, v_n(t)) \tag{4.2}$$

FCM 的推理机制通过以下公式实现，即由在 t 时刻的状态值推理出在 $t+1$ 时刻的状态值：

$$V_i^T(t+1) = f\left(\sum_{\substack{i=1 \\ j\neq 1}}^{n} v_j^T(t) w_{ij}\right) \tag{4.3}$$

其中，w_{ij} 为概念节点 i 与概念节点 j 之间有向弧的权值，即概念节点 i 对 j 的影响程度；f 为转换函数，其作用是将最终状态值转换至 $[0,1]$，一般将转换函数确定为：

$$f(x) = \frac{1}{1+e^{-\lambda x}} \tag{4.4}$$

式（4.4）称为 Logistic 函数，其中 λ 表示模糊化程度，一般取值为 5。

将式（4.3）表示为矩阵形式，如下：

$$V_i^T(t+1) = \begin{pmatrix} v_1(t+1) \\ v_2(t+1) \\ \vdots \\ v_n(t+1) \end{pmatrix} = f(WV_j^T(t)) = f\begin{pmatrix} w_{11} & \cdots & w_{1n} \\ \vdots & \ddots & \vdots \\ w_{n1} & \cdots & w_{nn} \end{pmatrix}\begin{pmatrix} v_1(t) \\ v_2(t) \\ \vdots \\ v_n(t) \end{pmatrix} \tag{4.5}$$

因此，政府购买普惠性学前教育服务质量 FCM 模型中概念节点 i 在 $t+1$ 时刻的状态值可以由其在 t 时刻的状态值推理得到，直到模型处于最终模式，推理过程结束。最终模式指 FCM 模型在经过推理之后达到一个固定点状态，即 $V(t+1) - V(t) = 0$。

4.4.1.2 FCM 概念节点的确定

构建政府购买普惠性学前教育服务质量 FCM 模型的第一步即确定概念节点，概念节点可为原因、结果、目的等因素。结合 4.3 节的编码结果与学前教育特征，在本节研究中，将社会组织因素变更为幼儿园因素。政府购买普惠性学前教育服务质量 FCM 模型概念节点如表 4-4 所示。

表 4 – 4 　FCM 模型概念节点

概念节点	含义描述
C1	环境因素
C2	幼儿园因素
C3	政府因素
C4	市场因素
C5	监管因素
C6	公众因素
C7	政府购买学前教育服务质量因素

（1）环境因素。通过访谈，我们总结出各地的经济环境、政策环境与政府购买学前教育服务质量息息相关。自文件《国家中长期教育改革和发展规划纲要（2010—2020 年）》颁布以来，我国学前教育高速发展。在借鉴国外发达国家相关理论与实践经验之后，政府购买学前教育服务在我国正渐进发展。然而，放眼全国，实施政府购买学前教育服务该项政策的地区并不多，且集中于省会城市或者经济条件较为发达的地区，经济条件与学前教育服务水平本身较低的农村地区并未享受到该项政策所带来的福利，从而导致普惠性学前教育服务资源分配不合理。此外，具有强制性与约束力的法律法规可以提高政府购买学前教育服务的质量水平。综观我国已发布的政府购买学前教育相关文件，《国家中长期教育改革和发展规划纲要（2010—2020 年）》《国务院关于当前发展学前教育的若干意见》等都在宏观上对全国各地政府购买学前教育给出了建议与指导。然而，为提高政府购买学前教育服务质量水平，不仅需要有关购买内容、购买程序等宏观政策作为支撑，更加需要绩效管理、监管、老师、教育发展等各方面的法律法规提供更为专业、详细的指导。

（2）幼儿园因素。老师配备、设施设备、食品安保以及课程设计都是政府购买普惠性学前教育服务中幼儿园内的相关因素。学前教育能为幼儿的终身发展奠定坚实的基础，且是培育人力资本、促进经济社会发展的起点。老师作为直接接触、教育幼儿的群体，其专业素质、品质品格极为重要。学前教育机构中的基础设施必须符合安全性、舒适性等要求。安保措施需注重预防性，减少事后补救，落实各项安全制度和工作责任制，做好人防与技防设施相结合。

（3）政府因素。政府投入是政府因素的一个关键组成。在这项政策中，政府作为购买主体在政府购买学前教育服务中发挥着重要作用。顾名思义，政府购买即需要政府的资金投入。在我国政府购买学前教育服务中，政府的资金投入力度较小，且范围较窄。在访谈调查中发现，南京市政府通过发放"教育券"的形式购买学前教育服务，符合要求的家庭大概有 1000 元一个学期的补贴。虽然这在一定程度上满足了幼儿去幼儿园就读的需求，但收费标准却仍然要取决于民办幼儿园的让利程度，这会使公办幼儿园与民办幼儿园产生收费上的差别，直接影响学前教育资源配置的均衡发展，间接影响政府购买学前教育服务质量。并且，政府购买的力度不仅影响每个幼儿家庭，而且影响幼儿园内的方方面面，如设施设备、老师薪资等，只有加大投资力度，才能提高学前教育服务质量。此外，政府资金投入不足还体现在学前教育服务资源的地域分配不均上。在经济条件较为发达的地区，学前教育服务基础较好，政府购买学前教育服务政策会率先得到实施，学前教育服务资源得到良好配置，其质量水平就会得到保证。然而，在经济条件落后的地区，其本身学前教育服务资源较少，质量水平较低，再加上缺少政府购买、资金支持，这些地区与经济条件较好的地区相比，学前教育服务质量的差距进一步拉大。

政府角色转变是政府因素的另一关键组成。政府购买学前教育的根本原因是公办幼儿园对学前教育服务资源供给不足，政府为解决此问题，向民办幼儿园或者学前教育机构购买学位。这时，政府的角色就由学前教育服务的直接"生产者"转变为"购买者"或"监督者"。政府的角色转变并不意味着"一买了之"，由对学前教育服务的"大包大揽"到间接管理学前教育服务并非意味着政府对学前教育服务放任不管，政府能否真正做好一名"购买者"或"监督者"，能否与幼儿园或学前教育机构形成一种平等契约关系，深刻地影响着政府购买的学前教育服务质量。

（4）市场因素。通过访谈，我们得到两点与市场因素相关的内容，分别是市场竞争与市场收费。本书对政府购买学前教育服务模式进行了总结分类，根据购买方式是否具有竞争性，将政府购买学前教育服务大致分为竞争性购买与非竞争性购买。通过访谈调查与文献阅读发现，我国绝大多数地区采用的是非竞争性的购买方式，如在与苏州市教育局政府采购部门工作人员交谈中发现，其选择"购买对象"的方式是根据已有协议，不存在多家幼儿园或者学前教育机构相互竞争的现象；又如南京市的"教育券"政策规定，只要幼儿园达到成立标准，并且持有《学前教育机构登记注册证书》和《民办学校办学许可证》，即可申请"教育券"兑换资格。通过这些非竞争性的购买模式选择购买对象，政府根本无法知晓幼儿园内的办学情况、老师质量、教学模式等。在我国，政府往往会选择熟悉或者有过合作的幼儿园，非竞争性的购买模式无法督促幼儿园之间在各个方面形成竞争，从而导致政府购买的学前教育服务质量低下。市场收费是市场因素的另一方面。政府购买学前教育服务是一项利民、普惠政策，其根本目的是扩大学前教育服务供给，并且降低民办幼儿园或学前教育服务机构的收费，减轻家庭经济负担。然而由于政府的资金投入不足，导致政府购买民办幼儿园的收费与公办幼儿园的收费相比差距依旧较大。学前教育并非义务教育，在我国公办幼儿园学位不够、民办幼儿园收费过高的形势下，若政府购买下的民办幼儿园或学前教育服务机构不降低收费，势必导致部分幼儿丧失接受学前教育的机会。此外，许多地区政府购买学前教育服务的政策享受者都局限于地段生，户口或者房产证为申请资助的凭证，这就使得许多外来务工人员的子女或其他流动人口的子女无法享受该政策。政府购买的学前教育服务依然存在市场收费较高以及不公平的问题，以至于无法保证学前教育服务质量。

（5）监管因素。监管是政府购买普惠性学前教育服务质量水平的重要保障，而在调研中，无论是政府还是幼儿园的工作人员都没有对监管产生足够的重视。监管主体、监管内容以及监管方式都是监管因素的重要组成部分。在政府购买学前教育服务的整个过程中，作为"购买者"的政府、"购买对象"的民办幼儿园或者其他学前教育服务机构，以及学前教育服务的"享受者"幼儿、家长都是政府购买学前教育服务质量的监管者。监管内容是监管的核心部分，监管主体需要对政府购买学前教育服务的全过程进行监管。首先是政府的行政监管，包括政府在购买过程中各个部门权力的使用情况，财政经费的使用情况，购买方式的公开性、公平性情况；其次是对学前教育服务的监管，包括对幼儿园老师的考核、老师与幼儿数量比的控制、设施设备的定期检查、食品安全的抽查等。监管主体应该使用科学有效的监管方式对政府购买学前教育服务质量进行监管。问责制为一种有效的监管方式，政府、供给学前教育服务的幼儿园应该建立详细明确的问责制，使得相应岗位上的工作人员严格履行职责和义务，并且需要相应的法律条规，这样可以依据法律条规对工作人员的失职采取必要的惩罚措施。

（6）公众因素。幼儿作为政府购买学前教育服务的直接享受者，其感受、想法最为重要。由于幼儿心智不够成熟，作为与幼儿最为亲近的家长成为洞察政府购买学前教育服务质量的重要群体。因此，倾听幼儿、家长的声音有利于提高政府购买学前教育服务的质量。

（7）政府购买学前教育服务质量因素。该因素是政府购买视角下普惠性学前教育服务质量 FCM 模型中的结果节点。政府购买学前教育服务质量水平可以由学前教育服务的内部顾客——老师的满意度以及外部顾客——幼儿、家长的满意度来衡量。

4.4.1.3 FCM 概念节点间因果关系的分析——基于证据理论

根据 FCM 的形式化定义，专家的意见反映在对概念节点因果关系强弱即权值的估计上。本节基于证据理论对政府购买普惠性学前教育服务质量 FCM 模型概念节点间的因果关系进行分析。

证据理论是在辨识框架的基础上建立的不确定性推理和决策理论。针对政府购买学前教育服务质量模糊认知图中多个专家对概念节点之间因果关系强弱的不同认知，利用证据理论，以相关专家知识作为证据，节点之间因果关系强度的可能取值空间构成识别框架，对多个专家知识进行合成，作为最后学前教育服务质量模糊认知图中概念节点之间的权值。它的理论基础包括分配函数、信任函数、似然函数等概念以及 Dempster 证据合成法则。

（1）信度分配函数。设样本空间为 D，领域内的任一命题都由 D 的子集表示，且信度分配函数定义为：设函数 $M: 2^D \rightarrow [0, 1]$，且满足 $M(\varnothing) = 0$，$\sum_{A \subset D} M(A) = 1$，$A \subseteq D$，则称 M 是 2^D 上的信度分配函数，且 $M(A)$ 是 A 的基本概率数。

（2）信任函数。信任函数定义为：$Bel: 2^D \rightarrow [0, 1]$，$A \subseteq D$，且满足 $Bel(A) = \sum_{B \subseteq A} M(B)$，其中 2^D 表示 D 的所有子集。

（3）似然函数。似然函数定义为：$pl: 2^D \rightarrow [0, 1]$，$A \subseteq D$，且满足 $pl(A) = 1 - Bel(\sim A)$，其中 $(\sim A) = D - A$，2^D 表示 D 的所有子集。

（4）信度分配函数的正交和。设 M_1 与 M_2 是 D 上的两个概率分配函数，则 M_1 和 M_2 的正交和 $M = M_1 \oplus M_2$ 定义为：

$$M(\varnothing) = 0, M(A) = K^{-1} \times \sum_{X \cap Y = A} M_1(X) \times M_2(Y) \tag{4.6}$$

其中，$K = 1 - \sum_{X \cap Y = \varnothing} M_1(X) \times M_2(Y) = \sum_{X \cap Y \neq \varnothing} M_1(X) \times M_2 \tag{4.7}$

图 4 - 1 展现了核心范畴与其他范畴之间笼统的逻辑关系，在此基础上，细化得出各概念节点之间的因果关系，如图 4 - 7 所示。

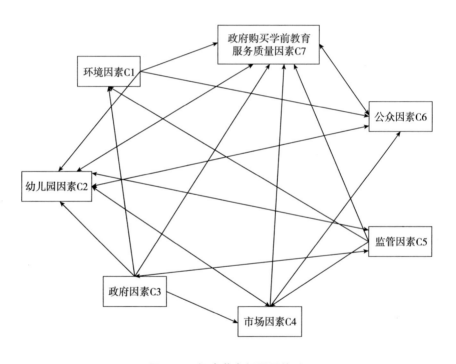

图 4 - 7　概念节点间因果关系

依据图 4 - 7 设计问题，回访镇江市、苏州市与南京市教育局学前教育部门的 4 位专家，在询问时注意解释各概念节点所代表的具体含义。问题提纲如"您认为包含经济与政策条件的环境因素（C1）对幼儿园（C2）的老师配备、设施设备、食品安保以及课程设计等的影响程度有多大？"每位专家根据自己的知识和经验对政府购买普惠性学前教育服务质量概念节点之间因果关系的影响程度进行评估，评估结果可视为 1 个证据，概念节点之间因果关系的可能取值构成识别框架，利用专家在识别框架上对某个权值评估模糊值的隶属度来确定信度分配函数 m，合成后的信度分配函数作为最终权值合成的依据。

步骤一：识别定义框架。专家对概念节点之间因果关系的估计往往是通过语言表述的，评估语言集为：{无，很弱，弱，强，很强，极强}，将模糊语言量化至 [0，1]，即 {无，很弱，弱，强，很强，极强} 量化为 {0，0.2，0.4，0.6，0.8，1}。当使用评估语言集无法体现出各专家对影响程度的偏重时，将提供 [0，1] 间更为精确具体的量表，让其打分，使评估值更为细化。

步骤二：证据的概率分配。本次调研中，专家 1 将概念节点 C1 （环境因素）对概念节点 C2 （幼儿园因素）影响关系的评估值确定为 0.5，本书定义的隶属度函数如图 4-8 所示，则可计算出它在"弱（0.4）"的隶属度为 0.5，在"强（0.6）"的隶属度也为 0.5，因此其可信度分配为：$m = [0, 0, 0.5, 0.5, 0, 0]$。在各位专家对概念节点 C1 对 C2 因果关系进行评估后，通过隶属度计算，得出 C1 对 C2 的隶属度强度关系，结果如表 4-5 所示。

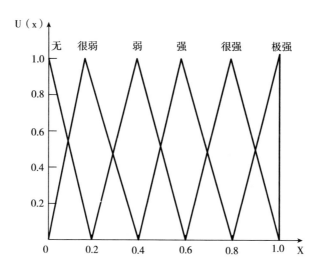

图 4-8 隶属度函数

表4-5　C1对C2隶属强度关系计算结果

状态	0	0.2	0.4	0.6	0.8	1.0
专家1	0	0	0.50	0.50	0	0
专家2	0	0	0.25	0.75	0	0
专家3	0	0	0.75	0.25	0	0
专家4	0	0	0.70	0.30	0	0

步骤三：证据的合成。在专家意见的合成过程中，Lefevre 等（2002）指出，当专家意见高度不一致时，合成规则失效；卢正才和覃征（2011）研究了专家人数为6人时的意见集结结果，研究结果表明，当专家意见较为一致时，合成规则有效。本书通过计算冲突系数 k 进行专家意见的冲突判断，当 k 逼近1时，表明专家意见高度不一致。冲突系数 k 的计算公式为：$K = 1 - \sum_{X \cap Y = \varnothing} M_1(X) \times M_2(Y)$，若冲突系数满足条件，则按照公式：$M(\varnothing) = 0, M(A) = K^{-1} \times \sum_{X \cap Y = A} M_1(X) \times M_2(Y)$ 进行合成。先进行专家1与专家2对节点C1、C2因果关系的合成，冲突系数为0.5，因果关系合成结果如表4-6所示。再依次进行合成，专家1和专家2合成结果与专家3合成结果如表4-7所示，4名专家合成结果如表4-8所示。

表4-6　因果强度合成结果1

状态	0	0.2	0.4	0.6	0.8	1.0
专家1	0	0	0.50	0.50	0	0
专家2	0	0	0.25	0.75	0	0
合成结果1	0	0	0.25	0.75	0	0

表4-7　因果强度合成结果2

状态	0	0.2	0.4	0.6	0.8	1.0
合成结果1	0	0	0.25	0.75	0	0
专家3	0	0	0.75	0.25	0	0
合成结果2	0	0	0.50	0.50	0	0

表4-8 因果强度合成结果3

状态	0	0.2	0.4	0.6	0.8	1.0
合成结果2	0	0	0.5	0.5	0	0
专家4	0	0	0.7	0.3	0	0
合成结果3	0	0	0.7	0.3	0	0

步骤四：求出合成的权值。$0.4 \subseteq 0.7 + 0.6 \subseteq 0.3 = 0.46$。因此，C2对C1的影响关系程度即权值为0.46。

在4位专家对各因果关系评估的基础上，可以对政府购买学前教育服务质量FCM模型中概念节点之间所有因果关系进行合成，得出的权重矩阵如下：

$$\begin{pmatrix} 0 & 0.46 & 0 & 0 & 0 & 0.38 & 0.45 \\ 0 & 0 & 0 & 0.58 & 0.56 & 0.52 & 0.48 \\ 0.25 & 0.24 & 0 & 0.32 & 0.46 & 0 & 0.42 \\ 0 & 0.42 & 0 & 0 & 0 & 0.51 & 0.32 \\ 0.41 & 0.28 & 0.31 & 0.26 & 0 & 0 & 0.24 \\ 0 & 0.51 & 0 & 0 & 0 & 0 & 0.42 \\ 0 & 0.52 & 0 & 0 & 0 & 0.46 & 0 \end{pmatrix}$$

4.4.1.4 基于FCM模拟推理的服务质量影响因素作用机理分析

通过对节点之一的C7（政府购买学前教育服务质量因素）进行下降模拟，得出服务质量关键影响因素以及其他节点对政府购买普惠性学前教育服务质量的作用机理。若在此模拟过程中某个概念节点的最终状态值为0或接近0，则表示该节点对C7没有影响；若某概念节点值为1或接近1，则表示该节点对C7起决定性作用。

步骤一：定义初始向量。即赋予初始状态的向量值。本书进行政府购买学前教育服务质量下降模拟，将初始向量定义为：$v_i = (0, 0, 0, 0, 0, 0, 1)$。

步骤二：根据式（4.5），得到政府购买普惠性学前教育服务质量FCM模型中各个节点下一时刻的状态。

步骤三：重复步骤二，直至 $v(t+1) = v(t)$ 或 $v(t+1) - v(t) < 0.001$，则达到最终状态，推理结束。

具体推理过程如下：

$$v_j^T\ (1)\ =f\ (w\times v_i^T)\ =$$

$$f\left(\begin{pmatrix} 0 & 0.46 & 0 & 0 & 0 & 0.38 & 0.45 \\ 0 & 0 & 0 & 0.58 & 0.56 & 0.52 & 0.48 \\ 0.25 & 0.24 & 0 & 0.32 & 0.46 & 0 & 0.42 \\ 0 & 0.42 & 0 & 0 & 0 & 0.51 & 0.32 \\ 0.41 & 0.28 & 0.31 & 0.26 & 0 & 0 & 0.24 \\ 0 & 0.51 & 0 & 0 & 0 & 0 & 0.42 \\ 0 & 0.52 & 0 & 0 & 0 & 0.46 & 0 \end{pmatrix} \times \begin{pmatrix} 0 \\ 0 \\ 0 \\ 0 \\ 0 \\ 0 \\ 1 \end{pmatrix}\right)$$

$$=f\begin{pmatrix} 0.45 \\ 0.48 \\ 0.42 \\ 0.32 \\ 0.24 \\ 0.42 \\ 0 \end{pmatrix}$$

f 确定为 $f\ (x)\ =\dfrac{1}{1+e^{-5x}}$，则

$$f((\,0.45,\ 0.48,\ 0.42,\ 0.32,\ 0.24,\ 0.42,\ 0)^T)$$

$$=\left(\frac{1}{1+e^{-5\times0.45}},\ \frac{1}{1+e^{-5\times0.48}},\ \frac{1}{1+e^{-5\times0.42}},\ \frac{1}{1+e^{-5\times0.32}},\ \frac{1}{1+e^{-5\times0.24}},\ \frac{1}{1+e^{-5\times0.42}},\right.$$

$$\left.\frac{1}{1+e^{-5\times0}}\right)^T$$

$$=(0.9970,\ 0.9970,\ 0.9972,\ 0.9978,\ 0.9984,\ 0.9972,\ 0.5)^T$$

即 $v_j(1)=(0.9970,\ 0.9970,\ 0.9972,\ 0.9978,\ 0.9984,\ 0.9972,\ 0.5)$；

而 $v_j(1)-v_i=(0.9970,\ 0.9970,\ 0.9972,\ 0.9978,\ 0.9984,\ 0.9972,\ -0.5)$。

其结果并不满足 $v_j(1)-v_i=0$ 或是 $v_j(1)-v_i<0.001$，因此进行下一步迭代计算：

$$v_j^T(2)=f(w\times v_j^T(1))=$$

$$f\left(\left(\begin{array}{ccccccc} 0 & 0.46 & 0 & 0 & 0 & 0.38 & 0.45 \\ 0 & 0 & 0 & 0.58 & 0.56 & 0.52 & 0.48 \\ 0.25 & 0.24 & 0 & 0.32 & 0.46 & 0 & 0.42 \\ 0 & 0.42 & 0 & 0 & 0 & 0.51 & 0.32 \\ 0.41 & 0.28 & 0.31 & 0.26 & 0 & 0 & 0.24 \\ 0 & 0.51 & 0 & 0 & 0 & 0 & 0.42 \\ 0 & 0.52 & 0 & 0 & 0 & 0.46 & 0 \end{array}\right) \times \left(\begin{array}{c} 0.9970 \\ 0.9970 \\ 0.9972 \\ 0.9978 \\ 0.9984 \\ 0.9972 \\ 0.5 \end{array}\right)\right)$$

$$= f\left(\begin{array}{c} 1.0626 \\ 1.8964 \\ 1.4771 \\ 1.0873 \\ 1.3765 \\ 0.7185 \\ 0.9772 \end{array}\right)$$

$$= (0.9929,\ 0.9874,\ 0.9901,\ 0.9927,\ 0.9908,\ 0.9952,\ 0.9935)^{T}$$

则 $v_j(2) - v_j(1) = (-0.0041,\ -0.0096,\ -0.0071,\ -0.0051,\ -0.0076,\ -0.002,\ 0.4935)$

同样，结果不满足 $v_j(2) - v_j(1) = 0$ 或是 $v_j(2) - v_j(1) < 0.001$，因此需要继续迭代计算。在经过 4 次迭代计算后，得到 $v_j(4)$ 满足 $v_j(4) - v_j(3) < 0.001$，因此 $v_j(3)$ 是该模型的最终状态值，此时迭代计算结束得到最终状态向量 v_f，见表 4 - 9 的 v_f 行。

表 4 - 9　政府购买视域下普惠性学前教育服务质量影响因素推理结果

	C1	C2	C3	C4	C5	C6	C7
v_i	0	0	0	0	0	0	1
v_f	0.9981	1.0000	0.9998	0.9978	0.9999	0.9891	0.9309

根据表 4 - 7 FCM 模拟推理结果，可得出政府购买普惠性学前教育服务质量影响因素对于服务质量水平的作用机理。表 4 - 6 中概念节点 C2（幼儿园因素）的最终状态值为 1，说明政府购买下学前教育服务质量水平下降时，幼儿

园是主要原因；其次最终状态值接近于 1 的节点是 C5（监管因素），这意味着政府、幼儿园以及公众等监管主体对政府购买学前教育服务整个过程的监管对学前教育服务质量有着重大影响；其他政府购买普惠性学前教育服务质量 FCM 模型的概念节点——C1（环境因素）、C3（政府因素）、C4（市场因素）以及 C6（公众因素）对节点 C7（政府购买学前教育服务因素）的影响程度依据表 4 – 9 中最终推理值的大小依次排序。因此，综合以上研究，应着重从幼儿园老师配备、设施设备、食品安保、课程设计以及监管入手，保障并提升学前教育服务质量水平。

4.4.1.5 小结

政府购买普惠性学前教育服务质量影响因素研究是研究其服务质量管控的基础与前提。通过扎根理论的开放性编码、选择性编码与理论性编码，识别出政府购买普惠性学前教育服务质量影响因素，为政府教育行政部门人员与幼儿园管理者等提供清晰明确的质量提升对象。随着生育政策的转变，学前教育服务资源供不应求，面对有限的学前教育服务资源，确定政府购买普惠性学前教育服务质量关键影响因素以及影响因素对服务质量的作用机理至关重要。本节在界定政府购买普惠性学前教育服务质量影响因素的基础上，利用证据理论确定 FCM 模型概念节点间的因果关系强度，继而对 FCM 模型中概念节点之一的政府购买普惠性学前教育服务质量水平进行下降模拟，通过比较各节点最终状态值与 1 的关系，得出政府购买普惠性学前教育服务质量影响因素以及其他影响因素对于服务质量的作用机理。通过本节研究，在学前教育服务资源有限的条件下，可以根据质量影响因素的作用机理，依次进行学前教育服务质量水平提升。

4.4.2 政府购买居家养老服务关键质量影响因素界定

目前，我国老龄化步伐日益加快，家庭养老濒临解体，居家养老逐渐成为我国养老产业的主流模式。我国的政府购买居家养老服务虽然起步较晚，但发展迅猛，并形成了一些具有代表性的运行模式，如宁波市海曙区的形式性购买、杭州市上城区的委托性购买、广州的竞争性购买等。与政府购买居家养老服务如火如荼的实践相比，政府对其事中、事后的监管注意力明显分配不足，易滋生政设合谋、服务失范、服务质量下滑和服务对象不满等风险，严重阻碍居家养老服务高质量发展。近年来，服务中心提供虚假服务、养老补贴"盗刷"、护理员偷工减料等负面新闻层出不穷，监管缺位导致的质量风险频发态势表明加强政府购买居家养老服务质量形成过程的动态监管尤为重要。政府购买居家养老服务质量形成具有多环节性，包括服务购买、服务输送、服务评估等，从服务链的视角来看，政府购买居家养老服务链的任一环节都会影响老人对于整体服务的满意度，要确保服务质量，须立足于全服务链下多主体参与的质量管控。此外，居家养老服务质量管控本质上是为确保质量影响因素对于质量提升的积极效用发挥最大化，削弱风险因素对管控效果的不良影响。因此，为了保障监管的有效性、提高监管效率，必须在剖析政府购买居家养老服务质量影响机理的前提下，确保质量形成各个环节的关键质量因素得到有效控制。揭示居家养老服务质量影响机理，识别关键因素是提高质量管控效率、优化服务供给的重要途径。

服务链的概念最早由 Akkermars 提出。该理论认为，为了更好满足公众的服务需求，可将政府机构、企业、社会组织、志愿组织等不同的服务生产主体连接起来，形成互助合作的链状关系，从而有效地提高服务供给效率和质量。目前服务链理论已趋近成熟，不少学者将服务链理论应用到医疗、物流、港口、网络服务、旅游等领域。受此启发，学者们尝试将服务链理论拓展到养老服务，养老服务供应链就此形成。学术界关于养老服务链的研究大多数聚焦服务质量协调控制问题。马跃如等（2020）构建了基于养老服务供应链各主体服务质量与老年人服务满意度的惩罚、收益共享契约模型研究供应链服务质量控制问题。任宗伟、刘传庆（2019）运用系统动力学的方法证明了引入信息共享的居家养老服务供应链模型要优于基础模型。张智勇等（2015）分析市场规模以及学习程度对养老服务集成商质量选择的影响以及风险环境下面向服务提供商的服务集成商质量管理策略。少量研究以养老服务链为视角展开风险因素、瓶颈因素的识别、探测等问题。如李长远和张会萍（2019）分析政府购买居家养老服务链不同环节存在的风险并提出风险防治策略。周云和卢钊（2018）运用 TOC 约束理论识别了目前城市社区养老服务供应链中的四个瓶颈因素。

目前对居家养老服务质量的研究较为丰富，主要集中于以下几个方面：①居家养老服务质量评价。针对居家养老服务质量的评价指标选取问题，杨波等（2017）在 SERQUAL 模型的基础上划分为有形性、可靠性、及时性、移情性以及易用性五个维度；蔡中华等（2016）按服务项目分类，从生活照料、医疗护理、安全保障、精神慰藉以及社会参与五方面测量居家养老服务质量；Sato 等（2020）基于"结构—过程—结果"框架，构建居家保健服务质量影响因素模型，包括充足的资源、专业知识以及政策和程序等。廖楚晖等（2014）采用模糊综合评价方法，对一线城市社区居家养老服务的质量进行评价；颜秉秋和高晓路（2013）引入结构方程模型的多群组分析方法，区分不同特征老人群体满意度的差异。②居家养老服务质量影响因素。温海红和王怡欢（2019）指出政策支持度、工作人员专业水平和养老服务信息化技术等是影响陕西居家养老服务质量的主要因素。章晓懿和梅强（2011）从个体差异的视角探究影响上海居家养老服务质量的因素，结果表明：自理能力、收入水平以及享受补贴情况等是主要影响因素。张红凤等（2018）经过实证分析，发现影响服务质量效用较高的因子包括个体特征、机构从业人员素质、政府投入、老年人支付能力等。Yan 等（2014）从个人因素、社会环境以及生活环境三个维度构建了影响因素模型，强调社区类型不同，影响居民满意度的主要因素也略有差异。③服务质量管控。毛艳华（2016）采用演化博弈研究引入惩罚机制后居家养老两方博弈合作行为的演化机理。丁社教和王成（2017）构建政府、第三方评估与养老机构的三方博弈模型，提出质量监管不仅要加大监管和惩罚力度，也要适当使用激励手段。

4.4.2.1 政府购买居家养老服务质量影响因素模型构建及分析

（1）节点的确定——基于政府购买居家养老服务链的质量影响因素挖掘。政府购买居家养老服务链本质上是一种特殊产品的供应链，产品是居家养老服务。其含义是以满足老人需求为目的，联合政府机关、社会组织、包括助老志愿工作者的服务提供者等主体，对服务购买、服务输送和服务反馈各阶段的信息流、资金流和价值流加以协调控制的较为完备的服务供应网络。服务链的对象是有养老服务需求的老年人，目标是提供与需求相匹配的养老项目，主体涉及所有与养老服务相关的供给主体和老人需求群体，服务项目包括生活照料、医疗护理、精神慰藉和文化娱乐等方面。政府购买居家养老服务链涉及三方行为主体——政府部门、服务承接主体和服务对象，呈两两互动关系，政府部门制定政策、确定服务承接机构并签订采购合同，可将这一互动环节视为"服务购买"；而服务对象与服务承接机构之间的互动，主要为服务承接机构安排服务人员、上门提供服务，可称其为"服务输送"环节；老人向政府反馈服务进度、质量与满意信息，形成"服务反馈"环节，服务供应链如图4-9所示。

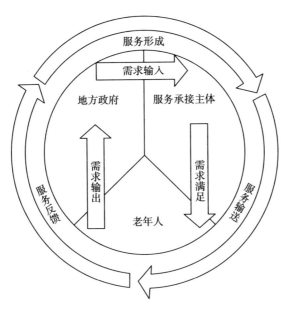

图4-9 服务供应链

政府购买居家养老服务过程涉及服务链上多方主体，任一环节的质量问题都会制约着整条服务链的质量增值。本书以问题为导向，基于政府购买居家养老服务链，深入分析政府购买居家养老服务典型案例中存在的质量风险及成因，为政府购买居家养老服务质量影响因素挖掘提供事实依据，具体如表4-10所示。

表4-10 政府购买居家养老服务典型事件分析

编号	典型事件	涉及环节	原因分析	影响因素提炼
1	养老补贴"盗刷"	政府服务承接主体	政府监管力度不够	监管力度
2	欺老虐老事件频发	服务承接主体老人	老人身体处于弱势；承接方员工管理存在漏洞	自身健康状况；专业护工比例
3	欺诈销售保健品	政府老人	承接方抓住监管漏洞；老人文化水平不高易上当受骗	监管力度
4	大部分社区供给短缺	政府服务承接主体	政府财政投入需要加大；基础设施供给能力不足	政府财政补贴；承接方专业供给能力

编号	典型事件	涉及环节	原因分析	影响因素提炼
5	"假理发、假洗脚"	服务承接主体	政府的投入无回报，服务项目实际完成情况大打折扣	服务投入回报比；服务项目完成率
6	护工偷工减料	服务承接主体	护工专业素质低；老人精神需求得不到满足	专业护工比例；需求满足比
7	某机构提供"虚假服务"	政府 服务承接主体	项目实际完成情况监管不到位	政府监管力度；服务项目完成率
8	人员短缺、流失量大、服务单一	服务承接主体	专业护工比例少；服务种类及数量不丰富	服务种类及数量；专业护工比例
9	疫情期间，老人无人照顾，安全事故多发	服务承接主体	应急救援能力不足	突发事件应对速度
10	老人提议需要陪伴，不需要家政服务	服务承接主体	服务供给与老人需求匹配度不高	需求满足比

根据表4-10，本书基于政府购买居家养老服务链，从政府、服务承接主体和老人三个维度，挖掘出政府购买居家养老服务质量的影响因素，具体如表4-11所示。

表4-11 政府购买居家养老服务质量影响因素

服务链主体	服务流程	影响因素	理论支持
购买方 (地方政府)	服务形成	财政补贴（I_1）	Zhou 等（2016）
		监管力度（I_2）	吉鹏、李放（2017）
服务承接主体 (居家养老 服务中心)	服务输送	设施完备度（I_3）	Sato 等（2020）；Zhou 等（2016）
		服务种类及数量（I_4）	丁社教、王成（2017）
		信息化技术水平（I_5）	吉鹏、李放（2017）
		专业护工比例（I_6）	While 等（2020）
		服务响应速度（I_7）	While 等（2020）
		服务保证性（I_8）	Malley 等（2019）
		突发事件应对速度（I_9）	Malley 等（2019）
	服务效果	养老服务需求满足（I_{10}）	Ameryoun 等（2017）；张志勇等（2015）
		服务投入回报比（I_{11}）	张志勇等（2014）
		投诉建议处理效率（I_{12}）	
		服务项目完成率（I_{13}）	

续表

服务链主体	服务流程	影响因素	理论支持
需求方（老人）	服务反馈	文化程度（I_{14}）	颜秉秋、高晓路（2013）
		自身健康状况（I_{15}）	
	结果	满意度评价（I_{16}）	

（2）关联边权重的测度——基于直觉模糊二元语义模型。本书以相似原则描述节点之间的权重，即节点之间的关系越紧密，关联边的权重越大。在确立了影响因素的基础上，如何定量地描述因素间的相互作用关系是关键，但政府购买居家养老服务的特殊性为权重测度即影响力评价增加了难度。一方面，居家养老服务具有无形性，质量影响因素之间影响强度的评估表现出模糊、不确定的特征，评价主体由于自身的经验限制，往往表现出不同程度的犹豫度和认知水平；另一方面，政府购买居家养老服务质量具有差异性，从宏观上看，评估值并不固定地隶属于某一强度等级，而呈现出两级游离的特征。因此，鉴于以上特性，本书将影响力评价与模糊思想结合，采用直觉二元语义模型确定关联边的权重。因为直觉模糊在处理模糊、不确定的问题时，具有同时可以反映支持、反对以及中立三方面信息的优势，有利于减少个体评价的误差，增强评价结果的可靠性。此外，从总体上看，因素间的影响强度实际上游离于不同等级之间，而直觉模糊二元语义取消了评价语义标度确定性的要求，对语义偏好的描述更精准，能够有效避免信息处理过程中的信息失真问题。

采用直觉模糊二元语义确定关联边权重的过程如下：

1）建立五级评价语言集：将居家养老服务质量影响因素间的影响强弱评价等级划分为五级，可表示为 $S = \{S_0（很弱），S_1（较弱），S_2（中等），S_3（较强），S_4（很强）\}$。

2）邀请不同背景的专家对因素间影响强度评价，给出相邻等级区间以及偏好程度。例：$r_{ij}^k = (\mu S_i(w_{ij}), v S_{i+1}(w_{ij}))$，$u + v \leqslant 1$。

3）通过一个映射函数，将直觉模糊二元语义区间化：

$$f(\mu S_i, v S_{i+1}) = [v + i, 1 - \mu + i] = [f^L, f^R]$$

4）集结所有专家的意见求出综合评价矩阵，计算第 k 个专家与集体评价意

见的距离 $d(r_{ij}^k, \tilde{r}_{ij})$ 和相似度 $\tau(r_{ij}^k, \tilde{r}_{ij})$。

5）设定共识性水平阈值 γ，若 $\tau^k \geqslant \gamma (k = 1, \cdots, 4)$ 均成立，转下一步；若存在 $\tau^k < \gamma (k = 1, \cdots, 4)$，修正不一致的专家评价意见。

6）循环步骤四直至群体的共识性水平满足要求后，计算各专家权重，得到加权集结算子，并将其转化为居家养老服务质量影响因素网络关联边的权重。其中，专家权重的计算公式如下：

$$\lambda_k = \frac{T(R^k, \tilde{R})}{\sum_{i=1}^{4} T(R^k, \tilde{R})}$$

（3）居家养老服务质量影响因素网络概念模型构建。利用复杂网络理论构建居家养老服务质量影响因素网络图。复杂网络应用十分广泛，涉及风险传播分析、级联故障问题分析、脆弱性评估等方面。识别复杂网络中的关键节点是一个热门话题，评估节点影响力常用且有效的方法包括度中心、中间中心和特征向量中心等。单一指标作为评估标准带有一定的片面性，考虑多个指标有助于提高评估结果的准确性。Zhang 等（2011）提出了一种基于度值和线条重要性的有效排序方法。Ai（2019）提出了两个指标：径向度和偏介度。此外，众多学者确定引入多属性决策来整合多个评价指标是可行的。Wenli 等（2016）提出了一种基于基尼系数的多属性节点重要性评估方法。Lin 等（2017）将熵和 Spearman 秩相关系数相结合，以全面识别给定电网中节点的重要性。Chen 等（2016）采用信息熵理论计算反映网络结构特征的指标权重，并从源节点和目标节点的角度构造了三个影响矩阵，节点删除法的原理与上述相似。Wen 等（2018）考虑通过比较删除节点后网络性能的三个指标的变化，引入多属性决策来获取关键节点。现有的评估节点重要性的方法主要集中在无向和非加权网络上，这不能全面客观地反映现实情况。LeaderRank 最初用于检测定向网络中的重要节点，Zhou 等（2019）证明将 LeaderRank 方法应用于电网是可行且有效的，ELR 值函数代表了系统节点的重要性。

以节点重要度作为表征居家养老服务质量关键影响因素的测度指标，将居家养老服务质量影响因素的相互作用关系抽象成复杂网络，其网络结构表述为 $G = (V, E, W)$，V 为节点集合，E 为边集合，W 表示加权邻接矩阵。即以影响因素作为节点，影响因素之间的因果关系作为边，影响强度评估值作为关联边之间的权重，构建一个有向加权网络模型，其中，边权用 w_{ij} 表示。若 $w_{ij} > 0$，表示节点 i 指向节点 j，i 为影响因素，j 为被影响因素；若 $w_{ij} = 0$，表示两者无关联。建立的居家养老服务质量影响因素网络如图 4 – 10 所示。

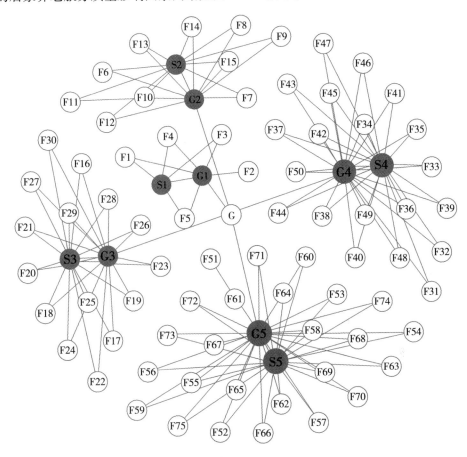

图 4 – 10 居家养老服务质量影响因素网络

（4）政府购买居家养老服务质量影响因素网络分析。节点的影响力不仅与它在网络结构中的位置或地位有关，也与关联边的重要度有关。若节点很活跃并且处于网络中的核心位置，但节点间连边脆弱，网络易出现断边重连，则源节点到目标节点的路径选择势必会受到影响，节点的影响力也会随之变化。因此，本书从节点的局部、全局影响力和边的重要度三个角度评估政府购买居家养老质量影响因素网络中各节点的重要性。

政府购买居家养老服务质量影响因素网络结构特征参数描述：

（1）节点的局部影响力。界定节点的出度为因素的影响度，即流出节点的边的权重之和，用 k_{out} 表示。入度界定为因素的被影响度，即流入节点的边的权重之和，用 k_{in} 表示。则节点的度 $k = k_{out} + k_{in}$。

（2）节点的全局影响力。点介数 b_v 越高说明因素节点所能影响的最短路径越多，对其他因素节点的影响力越强。以节点 i、j 之间经过节点 v 的最短路径条数与节点 i、j 之间最短路径数之比表示节点的介数大小。

（3）边的重要度。类似于节点度中心性，关联边 $e = \{V_i, V_j\}$ 的边度 d_e 可表示为：

$$d_e = k_i + k_j - 2$$

边介数反映因素间的关系稳定性对整个影响因素网络的影响力。类似于点介数，边的介数 $b_l(i, j)$ 指经过 l_{mn} 的节点 i、j 之间最短路径数量与节点 i、j 之间最短路径数之比。

政府购买居家养老服务质量影响因素网络排序算法优化：LeaderRank（简称 LR）算法是通过在原网络中加入一个与网络中其他节点双向连接的背景节点，增强网络的连通性，提高收敛速度。LR 算法认为，节点间的影响传播概率完全取决于节点的出度，但在影响因素网络中，因果关系的稳定性也与节点的转移概率有关联，节点的影响力传播需要以边为媒介。因此，本书基于 LR 算法计算节点的影响力并做如下改进：①由于影响因素网络属于加权网络，背景节点与原始节点双向连接的权重以关联边权重的均值代替。②节点间的影响传播概率由节点的出度、点介数、边度和边介数共同决定。

$$LR_i(t+1) = \sum_{j=1}^{n+1} \frac{A_{ji}}{k_j^{out}} \times \left(\partial \cdot \frac{b_l(j,i)}{\sum\limits_{m=1}^{n+1} b_l(j,m)} + (1-\partial) \cdot \frac{d_e(j,i)}{\sum\limits_{k=1}^{n+1} d_e(j,k)} \right) \times LR_j(t)$$

$$LR_i = LR_i(t_s) + \frac{LR_g}{n}$$

其中，$LR_i(t+1)$ 为节点 i 在 $t+1$ 时刻的排序值；A_{ji} 为邻接矩阵；k_j^{out} 表示节点 j 的出度；$b_l(j, i)$ 表示边 l 的介数；$d_e(j, i)$ 表示节点 i、j 间连边的边度；∂ 为分配系数；$LR_i(t_s)$ 表示节点 i 在稳定状态 t_s 时刻的排序值；LR_g 为背景节点的排序值。

运用加权 LR 算法评估影响因素网络节点重要度,具体步骤如下:

步骤一:借助 matlab 软件,计算政府购买居家养老服务质量影响因素网络的结构特性参数:出度 k_{out}、入度 k_{in}、边度 d_e、介数 b_v 和 b_l 等。

步骤二:根据加权 LR 算法,赋予网络源节点和背景节点初始排序值,将计算得到的结构特征参数代入公式中,不断进行迭代直至满足迭代收敛的条件,即 $LR_i(t+1) - LR_i(t) \leqslant 0.001$,迭代结束。

步骤三:根据各节点的值降序排序,找出关键节点(关键影响因素)。

4.4.2.2 算例分析

以 Y 市 D 区 PT 居家养老服务中心为例,通过线上以及线下采访的形式邀请不同背景的 4 位专家进行打分,专家分别来自该中心和社区老龄办公室。专家先确定影响因素间的邻接矩阵,再独立评估因素两两间的影响力,给出相邻两个语义及程度。其中,以邻接矩阵 $A = (a_{ij})_{n \times n}$ 甄别各因素之间是否存在影响关系,若 $a_{ij} = 0$,因素之间不存在因果关系,无连接;若 $a_{ij} = 1$,因素 i 影响因素 j。

利用直觉模糊二元语义模型,计算得出所有关联边的权值,确定因素间的影响强度。由此,政府购买居家养老服务质量影响因素网络最终模型形成,并作出此有向加权网络拓扑图,见图 4-11。

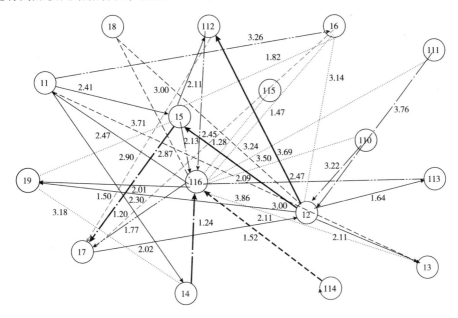

图 4-11 政府购买居家养老服务质量影响因素网络拓扑

此有向加权网络的统计特征指标可通过 Matlab 编程实现，网络中各节点的指标计算结果如表 4-12 和表 4-13 所示。

表 4-12　网络中节点属性指标值

ID	出度	入度	点度	点介数	ID	出度	入度	点度	点介数
1	13.87	2.47	16.34	7	9	2.01	8.39	10.40	0
2	27.35	4.62	31.97	91	10	3.50	3.22	6.72	0
3	3.00	5.11	8.11	0	11	3.69	3.76	7.45	0
4	4.42	2.30	6.72	1	12	2.45	3.93	6.38	0
5	7.53	3.69	11.22	9	13	2.47	1.64	4.11	0
6	6.95	6.40	13.35	0	14	1.52	0	1.52	0
7	1.77	3.22	4.99	0	15	1.47	0	1.47	0
8	2.87	3.00	5.87	0	16	5.00	38.12	43.12	148

表 4-13　网络中关联边介数值

ID	1	2	3	4	5	6	7	8	9	10	11	12	13	14	15	16
1	0	0	1	9	8	1	0	0	0	0	0	0	0	0	0	1
2	0	0	10	0	12	12	8	11	6	13	12	9	10	0	0	3
3	0	0	0	0	0	0	0	0	0	0	0	0	0	0	0	13
4	0	0	0	0	0	0	0	0	2	0	0	0	0	0	0	12
5	0	13	0	0	0	0	2	0	0	0	0	11	0	0	0	6
6	0	0	0	0	0	0	0	0	1	0	0	0	0	0	0	12
7	0	0	0	0	0	0	0	0	0	0	0	0	0	0	0	12
8	0	0	0	0	0	0	0	0	0	0	0	0	0	0	0	13
9	0	0	0	0	0	0	0	0	0	0	0	0	0	0	0	13
10	0	0	0	0	0	0	0	0	0	0	0	0	0	0	0	13
11	0	0	0	0	0	0	0	0	0	0	0	0	0	0	0	13
12	0	0	0	0	0	0	0	0	0	0	0	0	0	0	0	13
13	0	0	0	0	0	0	0	0	0	0	0	0	0	0	0	13
14	0	0	0	0	0	0	0	0	0	0	0	0	0	0	0	14
15	0	0	0	0	0	0	0	0	0	0	0	0	0	0	0	14
16	22	93	0	0	0	0	0	0	0	0	0	0	0	0	0	0

按照加权 LR 算法流程，利用 matlab 迭代 16 次后，得到稳定状态下网络中各节点的 LR 值，见表 4 – 14。

表 4 – 14 网络中各节点的最终 LR 值

节点	LR 值	节点	LR 值
1	2. 7097	9	1. 7111
2	3. 2917	10	1. 5031
3	1. 5987	11	1. 5371
4	1. 4517	12	1. 4840
5	1. 5728	13	1. 3996
6	1. 7449	14	1. 3145
7	1. 4535	15	1. 3141
8	1. 4840	16	5. 4727

如图 4 – 12 所示，5 种排序方法都证明了 2 节点（政府监管力度）属于最关键节点。略有差异的是利用点介数和边介数度量节点重要性时，节点间的差异并不显著。以点介数方法为例，只有三个节点的重要性排名，其余节点的点介数数值相同，排序结果不唯一，精确性不高。结合表 4 – 14 和图 4 – 12，LR 算法中节点的 LR 值数值精确，排序结果唯一，这表明加权 LR 算法优于点介数和边介数方案。此外，点度和边度方案具有片面性。点度只考虑了节点间的关联性，并未考虑节点连通能力和节点网络位置的影响；边度仅考虑了节点自身和邻居节点的连接度，并未考虑节点间因果关系在网络中的稳固性。而加权 LR 算法的设计从节点的度、点介数、边度和边介数角度改变节点访问的概率从而改变节点间的关联权重，将网络所有节点达到稳定状态的 LR 值进行排序。其优势在于：一是考虑了多重因素对重要度排序的影响，兼顾节点自身重要度和邻边重要度评估节点的整体影响力；二是接近实际值，实际生活中影响因素之间的影响强度不是固定不变的，随着时间的推移，影响强度有发生微弱变化的可能性。所以 LR 算法更全面、更合理、更精确。综上所述，LR 算法优于其他单一指标的度量方法。列出排序方法的前五名的关键节点，如表 4 – 15 所示，并分析其原因。

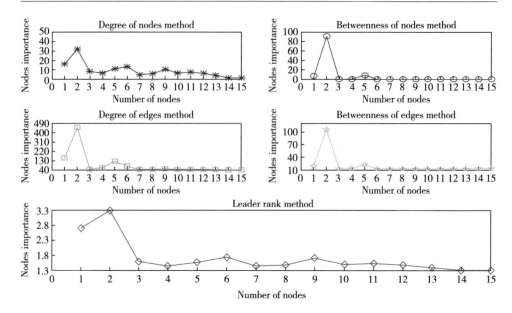

图 4 - 12　节点排序方案对比

表 4 - 15　不同指标下的关键节点对比

指标	描述	关键节点
点度	节点的局部影响力	2、1、6、5、9
点介数	节点的全局影响力	2、5、1
边度	连边的局部影响力	2、1、5、6、4
边介数	连边的全局影响力	2、5、1、4、14
LR 值	节点的整体影响力	2、1、6、9、3

由表 4 - 15 得，按不同的指标评估，重要性排名略有差异。但 I_2（政府监管力度）和 I_1（政府财政投入）节点出现频率最高，说明了政府在居家养老服务质量管控的主导地位，提升服务质量需要政府发挥能动作用，加强监管力度。而政府的财政投入 I_1 关乎着服务承接主体的基础供给能力以及养老补贴的额度，间接影响老人的满意度。因此，居家养老服务提升应重点关注政府的监管力度和财政补贴情况。目前，养老护理员，乃至助老志愿者都能满足老人的基本生活需求，而心理咨询、法律维权和医疗保健等个性化服务人才的稀缺是目前居家养老

服务业的痛点。专业服务队伍 I_6 影响居家养老服务需求的满足率，政府购买的居家养老服务项目不应局限于满足老人的生理需求，更需要关心老人的精神生活。从根本上缓解供给与需求失衡的弊端不仅需要加快专业服务队伍建设，提高社区养老服务设施的供给能力同样必不可少。基础设施专业化供给 I_3 是提供居家养老服务的前提和条件，质量的保证需要基础的托底作用。目前大部分社区存在供给短缺、供需失衡的问题，社区的基础供给能力亟待加强。此外，在提供服务过程中，不可控因素的发生是不可避免的，例如新型冠状病毒性肺炎。疫情期间暴露了服务机构应急救援能力不足的弊端，老人安全事故多发，这说明陪同人员不仅需要急救知识储备，更需要具有处事应变能力。I_9（突发事件应对速度）关系着老人的生命安全，一旦处理不及时或者处理不当，老人的生命安全将受到严重影响，服务承接主体的声誉也会面临威胁。所以，提高服务人员的应变能力是预防不可控因素的重要方式，不容忽视。

4.5　小结

为实现对政府购买公共服务质量进行管控的目的，本章对政府购买公共服务质量影响因素进行了研究。首先，利用扎根理论的开放性编码、选择性编码与理论编码三步编码步骤对政府购买公共服务质量影响因素进行了识别，总结出监管因素、市场因素、公众因素、环境因素、政府因素以及社会组织为影响该政策质量的一级因素。其次，从中间顾客感知价值角度出发，研究政府购买下公共服务的质量因素的传递关系。对政府购买公共服务中的顾客进行界定与识别，在此基础上，基于中间顾客感知价值，引入设计质量、关系质量，从而建立结构方程模型，研究其中的质量影响关系。结果显示，设计质量因素对政府购买下的公共服务质量影响最大，且其亦影响着关系质量和中间顾客感知价值。最后，为获取政府购买公共服务下的关键质量影响因素，以学前教育服务与养老服务为例，分别采用模糊认知图与复杂网络理论获取关键质量影响因素。

5 政府购买公共服务质量
管控决策研究

5.1 导论

　　本章节旨在通过质量管控决策研究为政府购买公共服务质量提升提供指导。先研究政府购买公共服务下的资源分配决策，再通过政府购买公共服务关键环节的探测进行质量管控决策，最后从"向谁买"的角度进行服务承接方决策探索。本章的目标是让读者对政府购买公共服务的质量管控决策形成初步认识，为下一章节政府购买公共服务质量管控体系构建展开详细分析做好铺垫和准备。

5.2 政府购买公共服务资源分配决策研究

　　改革开放以来，我国经济发展取得了举世瞩目的成就，但经济的快速发展也带来了许多社会问题。社会工作以提高社会福利、构建和谐社会为主要目的，这已成为解决社会问题、构建和谐社会的重要途径。现如今，世界各地的发达国家和发展中国家都面临着人口老龄化带来的挑战。随着老龄化社会的到来，我国在老龄事业的发展上取得了巨大成就，但总体看来，老龄事业发展仍滞后于人口老龄化的进程，养老服务问题日益凸显。我国在快速步入老龄化社会时，人均GDP为1000美元，与欧美发达国家以人均GDP为5000～10000美元的实力进入老龄化社会的现实相去甚远，中国"未富先老"的现实国情给政府提供养老服务带来巨大压力。据有关部门预测，政府投资社会养老机构过程中，若多增一张床位，则需多投资10万元。因此，依靠政府单一供给养老服务的模式已无法满足老人日益增长的服务需求，政府购买养老服务转而成为符合我国国情的必然选择。政府购买养老服务过程中，政府角色实现了由生产者到协调者、监督者的转变，通过签订协议等方式将养老服务让渡给更加专业的社会组织来供给。随着社会老龄化，养老服务需求激增，养老资源严重匮乏。特别是基础设施、资金和养老服务专业人员的缺乏是尤为显著的。据悉，2017年我国养老服务机构服务床位缺口为3154万张，到2035年缺口甚至将达到6103万张，护理人员短缺。据预测，到2031年，我国养老服务机构从业人员缺口将达到1043550人，专业护理人员缺口将达到76174人。人口老龄化问题日益突出，养老服务资源远不能满足老年人日益增长的需求。因此，优化配置有限的社会养老资源是当前和今后社会工作必须解决的重要问题之一。

针对我国养老服务资源的稀缺性，许多学者进行了相关研究，提出了资源整合的策略。一些发达国家在解决养老服务问题上的做法也为我国提供了借鉴。以英国为例，政府采取社区照顾模式，整合所有社会资源，通过正规和非正规的护理网络，在家或在社区为老年人提供全方位服务。在加拿大，机构养老是主要的养老模式，同时也鼓励家庭养老。养老机构按发起单位性质分为公益性、非营利性和营利性，并且根据老年人的养老需求将养老服务机构分为老年公寓、救助公寓、老年日托所和养老院。根据这些机构的不同类型分配资源以及解决老年人的各种状况。

综上所述，通过政府购买养老服务，引入市场机制，将养老服务的供给主体转移到专业性更强的社会组织，是一种普遍的做法。同时，这种市场化改革也会带来一些意想不到的社会后果，如老年人的社会福利受到侵蚀、社会资源分配不均等。总之，以社会福利向弱势群体转移、优化资源配置为目标的社会工作，有助于最大限度地节约社会资源，保障作为社会弱势成员老年人的福利。本书旨在为决策者在设计养老服务时提供参考，帮助他们充分利用有限的资源，最大限度地提高老年人的满意度。政府采购下有限的养老服务资源的分配方法具体如下：①充分调查和识别老年人的需求，包括日常生活照料、医疗照顾、精神慰藉和娱乐方面的需求。②针对识别出的需求，以及不同需求与设计属性之间的相关性，确定相应的设计属性；运用质量功能展开（QFD）方法，在充分了解顾客需求的基础上，建立规划模型，在最大限度提高顾客满意度的前提下，对养老服务资源进行配置。

5.2.1 理论基础

（1）养老服务。随着社会老龄化进程的加快，中国政府在改善养老服务方面做出了巨大努力。在中国，养老服务体系由物质供给保障和非物质供给保障构成。在过去，养老服务的范围、内容和对象都比较有限。随着生活水平的提高，老年人的需求水平也越来越高。养老服务供给的主要目的是满足老年人日益增长的需求。到目前为止，我国已经建立了一个相当完善的养老服务体系框架。老年人的各种需求都得到了一定程度的考虑和满足。Li（2014）提出了政府主导、市场优化、社会协作、老年人参与等多种形式的农村老年公共服务供给体系。Lei等（2015）对流动老年人进行了调查，提出流动老年人应纳入公共服务范围，为其提供医疗等基本护理服务。Feng等（2017）着眼于老年体育公共服务供给，提出通过转变供给方式，调整供给结构，化解老年体育公共服务供给的结构性失衡。

养老服务领域的研究十分丰富，不同国家和地区的实践、经验和现状等方面也为我国养老服务体系的完善提供了借鉴。Mihic等（2016）重点分析了旨在加强老年人家庭护理的人力资源投资。Xu和Chow（2011）以中国老年护理服务的发展为案例，记录了社区为基础的老年人服务提供的进展。Tynkkynen等（2012）探讨了芬兰地方当局承包老年护理服务供给模式，并总结出与私营部门签订合同是提高公共服务提供者业绩以及提高服务质量和效率的一种手段。Wong等（2014）研究了香港老年护理服务提供者面临的招聘挑战，他们的研究结果与先前的定性研究产生共鸣。Winsløw和Borg（2008）研究了工作场所资源与城市长期护理中老年护理服务质量之间的关系。针对高龄老人的服务利用率和医疗成本，Heinrich 等（2008）进行了一项自下而上的成本研究。

（2）政府购买养老服务。政府公共服务采购是我国转变政府职能、提高行政效率的必然做法。该政策在增加公共服务供给、提高服务质量方面颇有成效。在我国推广政府购买服务政策是创新公共服务供给模式、提高公共服务质量和效率的重大举措。

针对我国政府购买养老服务，许多学者从不同角度进行了大量的研究。章晓懿（2012）通过对上海市政府购买下的养老服务机构进行调研，分析了政府购买养老服务中政府与民间组织之间的合作模式及运行特点，提出了政府购买养老服务模式的未来发展方向。冯晶（2014）立足于政府购买养老服务的资金管理，对济南市养老服务机构进行调研，提出了一系列政府购买养老服务的资金管理控制体系，对于提高政府资金使用效率起到了一定作用。刘红芹（2012）将政府购买养老服务缩小至居家养老这一层面，通过案例研究构建了政府购买养老服务的绩效评估框架。包国宪和刘红芹（2012）基于 SERVQUAL 模型，从"可靠性""有形性""人性化""响应性"五个维度构建了政府购买养老服务质量评价模型。倪东生和张艳芳（2015）针对我国养老服务供求失衡的问题，利用矩阵散点图和回归分析，发现养老服务的供求失衡与养老服务经费、养老服务机构数量、养老服务专业人员显著相关，对解决我国养老服务供求失衡问题具有一定指导意义。

综合而言，虽然目前对于政府购买养老服务的相关研究较多，亦取得了较丰硕的成果，但是现有研究也存在着不足之处。一方面，从研究内容来看，相关研究重点主要集中于资金管理、绩效评估、质量评价、合作模式等方面，而对于政府购买下养老服务的供求失衡及其资源配置的研究较少；另一方面，从研究方法来看，主要的相关研究均留在定性方面，主观性较强，未见通过构建数学模型的定量分析，因而，有关政府购买养老服务供求失衡及其资源分配的研究缺乏可靠的理论分析基础，相关决策建议仍显主观性，深度不够，实践指导意义不强。如今我国是世界上唯一一个老年人口超过 1 亿的国家，截至 2015 年底，我国 60 周岁以上的人口数量已达到 2.22 亿。随着我国老年人口的急速上涨，养老服务的需求正不断加大，养老服务供求失衡的现象日益显著，如何合理分配有限的资源，做出科学的决策，使养老服务有限的资源获得最优的配置，做到物尽其用，正是政府购买养老服务的当务之急。

与此同时，有限资源分配也是各领域学者的重点研究对象之一。朱雷等（2015）以紧急状态下对人力资源的需求为研究对象，将合理配置人力资源以优化服务作为目的，结合随机规划模型以及鲁棒优化技术，构建了一个不确定条件下的网络优化模型。张海峰和刘二琳（2015）对船舶信息资源及其配置效率进行分析，利用 DEA 方法建立了资源优化配置的线性规划模型，提高了信息资源配置效率。张洪涛等（2015）在分析机群保障的基本流程之后，厘清各类约束条件，从而构建了机群保障资源优化配置的数学模型，其重点介绍了技术手段及求解思路。刘方勤等（2011）定义了航班延误成本函数，构建了一个整数规划模型用以解决空域的有限资源分配。Siddhartha 等（2010）利用模拟退火算法解决专用医疗保健服务资源分配问题。康丽和马塔·安德瑞（2017）针对家庭护理人力资源配置问题，提出了层次优化模型，从而提高了服务人员的利用率。

从检索结果来看，尽管资源各异、方法截然不同，但资源分配的重要性已得到了各领域的认同。基于以上分析，为了厘清老人需求、确定相应的约束资源，本书构建了质量功能展开（Resource Allocation Quality Function Deployment，RAQFD）模型，旨在对有限的养老资源进行合理的配置，从而提高养老服务供给效率，进而有效提升公众满意度和政府公信度。

5.2.2 基于 QFD 的资源优化分配模型

5.2.2.1 质量功能展开概述

质量功能展开（Quality Function Deployment，QFD）是一种以顾客需求为驱动的产品设计或服务改进方法，其目的是在产品设计初期就明确质量控制要点，通过该方法，可以将顾客需求转换至产品设计属性要求，提高顾客满意度。QFD 的核心是以客户需求为核心，从可行性分析产品制造或服务供应。重点将客户需求转化为所有产品开发人员都能理解和实施的具体信息，从而保证最终产品能够最有效地满足客户的需求。由于 QFD 的核心是转换，实现转换的方法是质量屋（House of Quality，HOQ），它是一种直观的矩阵表达式，是 QFD 的基本工具。标准 HoQ 如图 5－1 所示。为了转换，本书构建了 HoQ 框架，提供需要相应的信息，通过分析和评价，可以得到结果。Aman Bolar 等（2014）基于 QFD 方法对公共基础设施系统的管理做出研究。Lam 等（2015）利用 QFD 与 ANP 相结合的方法探索环境可持续方案。Dat 等（2015）基于模糊 QFD 方法对市场组成进行评估和选择。Zarei 等（2011）通过构建优化质量功能展开模型对食品供应链进行改进，目前该方法已被广泛运用到市场、环境以及公共服务设施等行业的产品开发或对现有产品或服务的改进上。

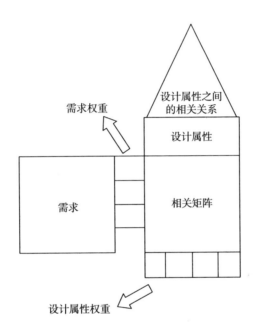

图 5 - 1　质量屋基本框架

5.2.2.2　基于 QFD 的资源配置模型构建

本书旨在对养老服务资源进行优化配置，使有限的资源得到充分利用。在预算和有限资源的约束下，根据顾客（老年人）的偏好，将各种资源分配给设计属性，从而达到老年人的最高满意度。资源配置模型框架如下：

步骤一：获取设计属性的计划达成程度和实际达成程度的计算公式。

步骤二：获取成本计算公式。

步骤三：在第一步和第二步的基础上，得出老年人总体满意度的计算公式。

（1）设计属性的实际可达水平和计划可达水平。本书旨在将质量展开计划从策略层扩展到运作层，考虑多种资源在不同设计属性之间的最优分配，从而达到顾客满意度最高的目标。假定在一项政府购买下的养老服务中，根据调查结果发现有 m 个顾客需求（Customer Requirement）和 n 个设计属性（design attribute），分别用 CR_i（$i = 1, 2, \cdots, m$）和 DA_j（$j = 1, 2, \cdots, n$）表示。其中顾客需求权重令为 d_i（$i = 1, 2, \cdots, m$），表示顾客需求 i 对总体满意度的相对重要程度；设计属性权重令为 w_j，其通过顾客需求与设计属性之间的关联关系矩阵（relationship matrix）表示。关联关系矩阵 R 中的元素 R_{ij} 表示第 j 个设计属性对第 i 个顾客需求的影响程度。R_{ij}^* 为 R_{ij} 归一化后的值，即 $0 \leqslant R_{ij}^* \leqslant 1$，$R_{ij}^*$ 表示当第 j 个设计属性完全满足的情况下对第 i 个顾客需求满足程度的贡献。

$$w_j = \sum_{i=1}^{m} d_i R_{ij}^*, j = 1, 2, \cdots, n \tag{5.1}$$

T 为设计属性之间的关联关系矩阵，T_{ij} 为关联因子，表示设计属性之间的关联程度。T_{ij} 实质上反映了设计属性 i 改进所产生的对设计属性 j 的贡献，则归一化后的 T_{ij} 可以解释为当设计属性 i 水平增加一个单位时，第 j 个设计属性的变化量。令 x_j 表示设计属性 j 的实际可达水平（Actual Achieved Degree of Attainment of Target，ADAT），表示设计属性实际达到水平相对于设计目标值的百分数，如 0.5。由于设计属性之间复杂的相关性，x_i 与 x_j 之间的关联关系 $x_j = f_j (x_1, x_2, \cdots, x_n)$ 通常通过大量数据采用拟合以线性形式表达，不能清晰描述设计属性之间的复杂关系。本书借助设计属性之间的关联因子 T_{ij}，并引进设计属性的计划可达水平（Planned Degree of Attainment Target，PDAT），通过设计属性的计划可达水平来描述设计属性之间的相关关系。设计属性的实际可达水平是指 DA 实际所达到的目标值，而计划可达水平是设计师通过资源控制所设定的目标水平。令设计属性 j 的计划可达水平为 y_j，则相应的设计属性实际可达水平 x_j 可表示为：

$$x_j = y_j + \sum_{k \neq j} T_{kj} y_k = \sum_{k=1}^{n} T_{kj} y_k \tag{5.2}$$

即设计属性 j 的实际可达水平为计划可达水平加上其他设计属性对第 j 个设计属性的贡献量。另外，y_j 满足条件：

$$0 \leqslant y_j + \sum_{k \neq j} T_{kj} y_k \leqslant 1, j = 1, 2, \cdots, n \tag{5.3}$$

（2）资源与费用的描述。在政府购买养老服务中假定涉及 L 种资源影响养老服务质量和顾客满意度，在这些资源中，有的影响一个设计属性，有的影响多个设计属性。进一步假设不同的资源对于相应设计属性的影响是独立的，且影响作用互不相关。这样某一种设计属性的可达水平可以通过各个资源对其影响程度的普通加法运算得到。在实际运算过程中，通常采用4—2—1—0 这样的尺度来量化描述资源对设计属性的影响程度，表示强—中—弱—无。令 E_{ki} （$k = 1$，2，$\cdots$，L；$i = 1$，2，$\cdots$，n）为资源对设计属性归一化后的量化影响值，表示单位资源 k 对设计属性 i 的设计属性值的增量。令用于增强设计属性 i 的第 k 种资源用量为 r_{ki} （$k = 1$，2，$\cdots$，L；$i = 1$，2，$\cdots$，n）。由于设计属性的实际可达水平来源于分配资源产生的计划可达水平以及设计属性之间相互作用所产生的设计属性值，因此：

$$x_i = y_i + \sum_{j \neq i}^{n} T_{ji} y_j = \sum_{j=1}^{n} \sum_{k=1}^{L} T_{ji} r_{kj} E_{kj} \tag{5.4}$$

在政府购买养老服务过程中，政府用于养老服务有一定的资源约束，令其资源总量为 R_k，即：

$$r_k = \sum_{i=1}^{n} r_{ki} \leqslant R_k, \quad k = 1, 2, \cdots, L \tag{5.5}$$

令 p_k 为单位资源 k 的费用，则分配给设计属性 i 的计划设计费用为：

$$c_i(y_i) = \sum_{k=1}^{L} p_k r_{ki} \tag{5.6}$$

分配给各设计属性的计划设计费用之和为总设计费用。用于政府购买下的养老服务的总设计费用不能超过设计预算 B，即：

$$0 \leqslant \sum_{i=1}^{n} \sum_{k=1}^{L} p_k r_{ki} \leqslant B \tag{5.7}$$

（3）顾客总体满意水平。顾客总体满意水平为各个顾客需求满意水平 s_i（$i = 1$，2，$\cdots$，m）的加权和，则第 i 个顾客需求的满意水平 s_i 为设计属性的实际可达水平与关联关系矩阵的内积，则：

$$s_i = \sum_{j=1}^{n} R_{ij}^* x_j, \quad i = 1, 2, \cdots, m \tag{5.8}$$

因此，顾客总体满意水平可以表示为：

$$S = \sum_{i=1}^{n} w_i^* y_i = \sum_{k=1}^{L} \sum_{i=1}^{n} w_i^* E_{ki} r_{ki} \qquad (5.9)$$

其中 y_i 表示由资源分配产生的设计属性 i 的计划可达水平,而 w_i^* 表示由于设计属性之间的自相关关系而产生的第 i 个设计属性的单位计划可达水平对顾客满意水平的贡献,即:

$$w_i^* = \sum_{j=1}^{n} w_j T_{ij} , \ i = 1, \ 2, \ \cdots, \ n \qquad (5.10)$$

(4)资源优化分配模型。将资源优化分配给各设计属性从而使顾客满意度最大的模型可以描述为 RAQFD 模型:

$$\text{Max}S = \sum_{i=1}^{n} w_i^* y_i = \sum_{i=1}^{n} \sum_{k=1}^{L} w_i^* E_{ki} r_{ki} \qquad (5.11)$$

约束条件为:

$$\alpha_i \leqslant \sum_{k=1}^{L} \sum_{j=1}^{n} E_{kj} T_{ji} r_{kj} \leqslant 1 , \ i = 1, \ 2, \ \cdots, \ n \qquad (5.12)$$

$$\sum_{k=1}^{L} E_{ki} r_{ki} \leqslant 1 , \ i = 1, \ 2, \ \cdots, \ n \qquad (5.13)$$

$$0 \leqslant \sum_{i=1}^{n} \sum_{k=1}^{L} p_k r_{ki} \leqslant B \qquad (5.14)$$

$$\sum_{i=1}^{n} r_{ki} \leqslant R_k , \ k = 1, \ 2, \ \cdots, \ L \qquad (5.15)$$

$$r_{ki} \geqslant 0, \ k = 1, \ 2, \ \cdots, \ L; \ i = 1, \ 2, \ \cdots, \ n \qquad (5.16)$$

其中, α_i 为设计者根据自己的偏好决定的设计属性 i 的实际可达值。RAQFD 模型是一个线性规划模型,其最优解具有如下性质:

第一,当单位资源 k 对设计属性 i 作用的设计属性值增量 E_{ki} 为 0,则计划分配第 k 种资源用于增强设计属性 i 的量 r_{ki} 为 0。

第二, $\sum_{k=1}^{L} p_k R_k$ 代表了各种资源的总费用,当 $\sum_{k=1}^{L} p_k R_k \leqslant B$ 时,具有最小单价的资源首先被利用,其次按照资源价格从小到大依次分配使用,直到使用费用达到 B 为止。

第三,当 $\sum_{k=1}^{L} p_k R_k > B$ 时,每种资源得到充分利用。

5.2.3 应用实例：以居家养老服务中心资源配置为例

5.2.3.1 居家养老服务概述

居家养老即通过政府购买养老服务，依托社区服务资源和志愿者的积极参与，为老人提供"日托加上门"服务、"有偿加无偿"服务。作为政府购买下的养老服务，各个地区形成了以政府为主导、形式各异的居家养老服务模式。政府每年为居家养老服务中心资助固定金额、设施器材，而不负责具体的养老、协助工作，养老中心作为直接负责人利用政府资助为老人提供上门或日托服务，此为常规的服务模式。此外，政府可以安排各县镇的医疗服务站人员无偿地为老人提供上门医疗救助或是定期地于居家养老服务中心内举办医疗保健讲座等，而对于部分有偿上门服务，政府可以采用与作为中介组织的加盟中心合作的方式，每月交付加盟中心每位老人一定金额的服务费，通过加盟组织给老人提供各种上门服务，抑或是根据凭单制，政府向符合条件的老人发放消费券，拥有凭单的老人可以选择需要的服务类型享受免费服务。

5.2.3.2 数据收集

课题组选择江苏省内南通、镇江、苏州等地级市下辖区内的社区进行调研，通过问卷调查、深度访谈等方式获取相关资料及数据，了解老人的需求，以及影响老人需求的相应设计属性。

（1）顾客需求的识别。①生活照料的需求（CR1）。根据马斯洛需求层次理论，老人最为迫切的需要通常是较为基础的需求。高龄老人或是行动不便的空巢老人对于一些基本活动——洗澡、理发、陪同看病、代缴水电费等需求较为强烈。②医疗保健的需求（CR2）。许多老人随着年纪的增长，患有一些常见疾病，如高血压、骨质疏松等，且随着养身、保健等意识在老人心中逐渐加强，越来越多老人对预防、康复的需求直线上涨。③精神慰藉的需求（CR3）。在过去人的观念中，养老即给老人提供衣食住行方面的物质养老，未曾考虑到精神养老。如今随着人类文明的进步以及思想的转变，老人更加渴望子女的陪伴而不仅仅是金钱的资助。④娱乐生活的需要（CR4）。通过这次调研了解到，在居家养老服务中心寻求帮助的老人不仅仅是那些生活不能自理、丧偶、残疾等老人，还有一部分是退休职工老人，他们在居家养老服务中心寻求的是一种娱乐生活的需要，他们利用养老中心的娱乐设施如棋牌室、乒乓球室、戏曲室等与一群志同道合的老人发展兴趣爱好。

（2）设计属性的确定。质量屋中，设计属性是用来满足顾客需求的手段，设计属性的优劣直接影响到顾客需求的满意情况。因此根据老人的各个需求依次确定设计属性。

居家养老服务中心内顾客需求与相对应影响需求的设计属性如表5-1所示。

表5-1 顾客需求与设计属性

顾客需求	设计属性
生活照料的需求 （CR1）	居家养老服务中心内从业人员的服务态度与服务质量（DA1）
	政府购买下加盟中心的专业化程度（DA2）
	志愿者的结构与数量（DA3）
	对老人个性化需求的响应速度（DA4）
医疗保健的需求 （CR2）	医护人员的配备（DA5）
	居家养老服务中心内工作人员、志愿者的急救知识基础（DA6）
	急救药品或康复治疗设备的配备（DA7）
精神慰藉的需求 （CR3）	居家养老服务中心内从业人员的服务态度与服务质量（DA1）
	志愿者的结构与数量（DA3）
娱乐生活的需求 （CR4）	居家养老服务中心舒适、安全的环境（DA8）
	居家养老服务中心兴趣爱好班的配备（DA9）

（3）资源与资金。为满足老人在生活照料、医疗保健、精神慰藉和娱乐生活上的需求，本书总结了九点设计属性，而设计属性作为满足老人需求的手段，其实现情况与资源种类紧密相连。纵观所述的设计属性，与之相关的资源可以分为人力资源与物质资源两大类。具体的资源分类与相对应的设计属性如表5-2所示。

各资源与设计属性之间的相关关系如图5-2所示。

选取本次调研中南通市下辖R县居家养老服务中心内的各类资源单价、数量作为模型计算数据，如表5-3所示。

表 5 – 2 满足设计属性的资源分类

一级资源	二级资源	设计属性
人力资源	居家养老服务中心从业人员（RE1）	DA1, DA4, DA6
	加盟中心内专职人员（RE2）	DA2, DA4
	医护人员（RE3）	DA5, DA4
	志愿者（RE4）	DA3, DA4, DA6
物质资源	医疗资源（RE5）	DA7
	基础设施资源（RE6）	DA8, DA9

	DA1	DA2	DA3	DA4	DA5	DA6	DA7	DA8	DA9
RE1	●			◎		●			
RE2		●		◎					
RE3				◎	●				
RE4			●	◎		●			
RE5							●		
RE6								●	●

○ 弱
◎ 中
● 强

图 5 – 2 资源与设计属性关系

表 5 – 3 资源单价

资源	备注	平均单价（元）p_k
居家养老服务中心内工作人员 RE1	后勤人员、会计人员、管理人员	2500（/月）
加盟中心专职人员 RE2	主要负责家政服务	2500（/月）
医护人员 RE3	合作医院内医生	2000（/月）
志愿者 RE4	来自政府、企业、学校	0（/月）
医疗资源 RE5	类医疗设备、药品等	1500（/月）
基础设施资源 RE6	前期投入结合使用年限折合至每月	1250（/月）

　　政府通过资金补贴购买这六类资源来实现居家养老服务的公益性。根据资源单价表，确定各类资源的数量 R_k。p_1 为 2500，为了尽可能削减成本，又保证居家养老服务中心正常地运转，将 R_1 确定为 5 个基本单位。p_2 为 2500，专职人员主要从事家政服务，当老人在家面临此类需求时，可以使用政府发放给特定老人的消

费券，如每月 300 元的服务消费券，在家中享受由加盟中心专职人员带来的专业服务，将 R_2 确定为 10 个基本单位。p_3 为 2000，如今居家养老服务中心内并未普及聘请专业医护人员，主要为政府与当地医院合作，借助政府力量聘请医生为老人定期进行上门或于居家养老服务中心内的医疗服务，将 R_3 确定为 5 个基本单位。p_4 为 0，志愿者可以是村内党员、政府人员、来自企业的志愿者等，将 R_4 确定为 20 个基本单位。p_5 为 1500，居家养老服务中心内的医疗资源作为一种急救资源，必须保证其数量，将 R_5 确定为 30 个基本单位。p_6 为 1250，作为固定资产的基础设施资源。R_6 确定为 10 个基本单位。

5.2.3.3　质量屋的构建

基于以上分析，构建质量屋模型。具体如图 5 - 3 所示。

		DA1	DA2	DA3	DA4	DA5	DA6	DA7	DA8	DA9	
					●		●				DA1
					●						DA2
					●		◎				DA3
○ 弱		●	●	●			●		●		DA4
◎ 中						●					DA5
● 强		●		◎							DA6
						●					DA7
											DA8
	d_i										DA9
CR1	0.35	●		●	●	◎					
CR2	0.35						●	◎	◎		
CR3	0.2	●			●						
CR4	0.1									●	●	

图 5 - 3　居家养老服务资源分配质量屋

将顾客需求与设计属性之间的强中弱关系采用 1—3—9 数量化，再归一化，得到第一部分数据；将设计属性之间的自相关关系也采用 1—3—9—18 数量化、归一化，得到第二部分数据；将图 5 - 3 中资源对设计属性的影响关系采用 4—

2—1—0 量化，分别表示强、中、弱、无影响，归一化后得到第三部分数据。根据资源优化配置模型，得出养老服务资源分配结果，具体如表 5 − 4 所示。

表 5 − 4　实例数据

	DA1	DA2	DA3	DA4	DA5	DA6	DA7	DA8	DA9	d_i	p_k	R_k
R_{ij}^*												
CR1	0.3	0.3	0.3	0.1	0.0	0.0	0.0	0.0	0.0	0.35		
CR2	0.0	0.0	0.0	0.0	0.6	0.2	0.2	0.0	0.0	0.35		
CR3	0.5	0.0	0.5	0.0	0.0	0.0	0.0	0.0	0.0	0.2		
CR4	0.0	0.0	0.0	0.0	0.0	0.0	0.0	0.5	0.5	0.1		
T_{ij}												
DA1	1.0	0.0	0.0	0.5	0.0	0.5	0.0	0.0	0.0			
DA2	0.0	1.0	0.0	0.5	0.0	0.0	0.0	0.0	0.0			
DA3	0.0	0.0	1.0	0.5	0.0	0.167	0.0	0.0	0.0			
DA4	0.5	0.5	0.5	1.0	0.5	0.0	0.0	0.0	0.0			
DA5	0.0	0.0	0.0	0.5	1.0	0.0	0.0	0.0	0.0			
DA6	0.5	0.0	0.167	0.0	0.0	1.0	0.0	0.0	0.0			
DA7	0.0	0.0	0.0	0.5	0.0	0.0	1.0	0.0	0.0			
DA8	0.0	0.0	0.0	0.0	0.0	0.0	0.0	1.0	0.0			
DA9	0.0	0.0	0.0	0.0	0.0	0.0	0.0	0.0	1.0			
E_{ki}												
RE1	0.02	0.0	0.0	0.01	0.0	0.02	0.0	0.0	0.0		2500	5
RE2	0.0	0.02	0.0	0.01	0.0	0.0	0.0	0.0	0.0		2500	10
RE3	0.0	0.0	0.0	0.01	0.02	0.0	0.0	0.0	0.0		2000	5
RE4	0.0	0.0	0.02	0.01	0.0	0.02	0.0	0.0	0.0		0	20
RE5	0.0	0.0	0.0	0.0	0.0	0.0	0.02	0.0	0.0		1500	30
RE6	0.0	0.0	0.0	0.0	0.0	0.0	0.0	0.02	0.02		1250	10
w_j	0.205	0.105	0.205	0.035	0.21	0.07	0.07	0.05	0.05			
w_j^*	0.258	0.123	0.234	0.433	0.228	0.207	0.088	0.05	0.05			
a_i	0.45	0.45	0.45	0.45	0.45	0.45	0.45	0.45	0.45			

预算 B：100000 元

5.2.3.4 结果分析与讨论

各资源分配至相应设计属性的分配结果如表5-5所示。

表5-5 实例资源分配结果

r_{ki}	DA1	DA2	DA3	DA4	DA5	DA6	DA7	DA8	DA9	总分配量
RE1	3.65	0	0	0.15	0	1.19	0	0	0	4.99
RE2	0	7.24	0	2.75	0	0	0	0	0	9.99
RE3	0	0	0	1.18	3.81	0	0	0	0	4.99
RE4	0	0	12.43	1.99	0	5.57	0	0	0	19.99
RE5	0	0	0	0	0	0	29.99	0	0	29.99
RE6	0	0	0	0	0	0	0	5.54	4.45	9.99

(1) 养老服务中心内工作人员 (RE1) 的资源分配情况: 5 个基本单位资源 RE1 分配给 DA1、DA4、DA6 的值分别为 3.65、0.15、1.19, 表示 RE1 分配至用于改善居家养老服务中心内从业人员的服务态度与服务质量、提高对老人个性化需求的响应速度以及增强居家养老服务中心内工作人员、志愿者的急救知识基础这三点设计属性的资源量所占 RE1 总资源量的百分比。对于在社区照顾的老人, 居家养老服务中心内从业人员的服务态度以及服务质量 (DA1) 直接影响老人的满意水平, 即为 "日托" 老人提供一天衣食住行方面的帮助; 而对于在家寻求帮助的老人, 居家养老服务中心为节约成本、维持运营, 会放弃聘请过多员工, 转而借助政府、志愿者的力量。对老人个性化需求的响应速度 (DA4) 也是影响老人满意度的重要因素。居家养老服务中心为不同的家庭环境、身体情况的老人提供因人而异的养老服务, 且针对老人不同的需要提供个性化服务。面对分散于社区的老人, 无论是居家养老服务中心内的工作人员, 还是加盟中心或是志愿者, 必须在最快的时间内为老人送达服务。除了专业医师的配备, 居家养老服务中心内的工作人员以及各方志愿者必须具备急救知识基础 (DA6), 在老人发生紧急情况需要处理时, 可以为老人提供正确的急救处理。

(2) 加盟中心专职人员 (RE2) 的资源分配情况: 10 个基本单位的资源 RE2 分配给 DA2、DA4 的值分别为 7.24、2.75, 表示 RE2 分配至用于加强加盟中心专业化程度, 提高对老人需求响应速度这两点设计属性的资源量占 RE2 总资源量的百分比。作为政府购买下的养老服务，政府通过与加盟中心合作，由加盟中心为老人安排各项服务的专职人员，提供诸如洗衣做饭、理发洗澡、陪同看病等家政服务，因此政府所选择的加盟中心专业化程度（DA2）的高低直接影响到在家寻求帮助老人的满意度。

（3）医护人员（RE3）的资源分配情况：5 个基本单位的资源 RE3 分配给 DA4、DA5 的值分别为 1.18、3.81，表示 RE3 分配至用于提高对老人需求响应速度、增加专业医护人员的配备这两点设计属性的资源量占 RE3 总资源量的百分比。面对老人在医疗保健方面的需求，政府以及居家养老服务中心都需要为老人配备专业的医护人员（DA5）。政府通过与镇卫生院合作，为居家养老服务中心内的老人提供医疗服务，服务内容主要包括每周四为老人于养老中心进行基础的体检，以及为老人提供健康、保养方面的讲座咨询服务，并为卧病在家的老人提供基础医疗检查。

（4）志愿者（RE4）的资源分配情况：20 个基本单位的资源 RE4 分配至 DA3、DA4、DA6 的值分别为 12.43、1.99、5.57，表示 RE4 分配至用于优化志愿者的结构与数量、提高对老人需求响应速度以及增强居家养老服务中心内工作人员、志愿者的急救知识基础这三点设计属性的资源量占 RE4 总资源量的百分比。政府以及居家养老服务中心应号召更多的志愿者（DA3），可以在遇到紧急情况或是人员紧缺时为老人提供及时的服务。

（5）医疗资源（RE5）的分配情况：30 个基本单位的资源 RE5 分配至 DA7 的值为 29.99，表示 RE5 全部用于如血压器、温度计、常见非处方药以及帮助老人进行康复治疗的设施设备（DA7）的购买上。

（6）基础设施（RE6）的资源分配情况：10 个基本单位的资源 RE6 分配至 DA8、DA9 的值分别为 5.54、4.45，表示 RE6 分配至用于改善居家养老服务中心内环境、配备兴趣爱好班这两点设计属性的资源量占 RE6 总资源量的百分比。社区内身体健康的退休职工老人主要寻求的是娱乐生活方面的需求，居家养老服务中心首先需要提供一个舒适的环境（DA8），该环境不仅需要配备一系列基础设施，比如空调、彩电、沙发等，让老人在居家养老服务中心享受到舒适的条件，而且要根据老人特殊的身体状况，保证环境的安全。为满足老人发展兴趣爱好的需求，居家养老服务中心可以配备乒乓球室、棋牌室、戏曲室（DA9），让爱好相同的老人可以在居家养老服务中心内享受生活。

我国养老服务需求急速增长，合理配置有限资源、提高公众满意度成为了当务之急。为了充分利用政府资金，提高客户满意度，本书提出了基于 QFD 的养老服务资源配置模型，对政府购买养老服务的发展具有一定的现实意义。结果表明，家庭护理服务人员应更加注重提高服务态度和服务质量。同时，还应配置更多资源，提高养老服务中心专业化程度，增加专业医务人员配备，购买突发事件常用药品和康复设施。本书通过引入一种更有效的资源配置方法，有助于帮助政府进行科学决策。

实证研究的主要结论如下：①居家养老服务中的顾客需求和相应的设计属性均已明确，并对其相关关系进行了界定。②运用本书提出的基于 QFD 的资源配置模型，在充分考虑顾客需求和顾客满意度的前提下，对相关资源进行了配置。该模型可用于政府购买公共服务系统的资源分配。基于本书研究，进一步的探索可以着眼于顾客对某些服务的模糊期望，试图找到解决问题的决策模型，进行更有利的资源配置，以及找到提高顾客满意度的途径。

此外，结合我国的现状与本书研究结论，笔者提出了基于政府购买视域下的养老服务资源配置建议。

首先，整合闲置资源，优化配置有限的养老服务资源，提高公众满意度。根据国务院的相关部署，江苏省民政厅颁布了《关于支持整合改造闲置社会资源发展养老服务的通知》。在这份通知中，要求通过整合闲置资源，发展和完善养老服务，以满足日益增长的养老服务需求。本书提出了一种资源配置方法，通过优化资源配置，充分利用有限资源。因此，解决我国养老服务资源短缺问题，必须整合闲置资源，科学配置，充分利用闲置资源。

其次，创新养老服务资源配置。中共中央办公厅、国务院印发《关于创新政府配置资源方式的指导意见》，指出为解决当前政府资源配置中存在的市场价格扭曲等问题，改革要广度和深度并举。大幅度减少政府直接配置，引入和鼓励市场机制和市场化方式，提高资源配置效率和效益。在政府购买养老服务中，深度市场化也意味着满足老年人需求的同时提高资源配置效率。因此，在资源配置过程中要充分考虑顾客需求，最大限度地提高顾客满意度。本书的目的是为决策者和服务提供者在设计养老服务时提供参考，帮助他们充分利用有限的资源，最大限度地提高老年人的满意度。

该研究与社会工作密切相关。党的十六届中央委员会第六次全体会议提出，要建设一支庞大的社会工作队伍，推动我国和谐社会建设。中共中央委员会以政治文件的形式推动社会工作的发展。在我国政府采购养老服务的过程中，存在着政府资金不足导致此服务中资源短缺的问题。老年人的福利和社会平等受到严重损害。根据国际经验，发展社会工作是解决此类社会问题的关键。以老年人满意度最大化为目标，实现有限资源在养老服务中的优化配置。这对于以关爱弱势群体、构建和谐社会为主要内容的社会工作具有重要意义。这种以优化资源配置为目的的社会工作，不仅促进了社会的稳定和发展，而且增强了社会对政府的信任。

5.3 基于 GERT 网络的政府公共服务质量关键环节探测

本节旨在探究影响政府购买公共质量的关键环节。以南京市鼓楼区政府购买居家养老服务为例，构建了政府购买居家养老服务 GERT 模型；提出关键节点测度系数，结合案例并通过数值模拟识别出 GERT 网络的关键节点，这些关键节点即为影响政府购买居家养老服务质量的关键环节。研究结果表明：监督评估、构建监督评估体系和甄选承包商是政府购买居家养老服务质量的关键环节，对服务质量的影响程度最大。本书针对关键环节提出改善措施，为破解政府购买居家养老服务质量问题提供借鉴。

5.3.1 政府购买居家养老服务 GERT 网络模型

根据国家统计公报，至 2020 年初，我国 65 岁及以上人口达到 1.76 亿，占总人口的 12.6%。这使得政府不断出台文件以保障老年人的生活质量，政府购买居家养老服务政策应运而生。政府购买养老服务是政府以签订合同的形式，委托符合条件的社会组织完成并支付费用，使其为居家老人提供生活所需的服务。居家养老有助于缓解老年人养老院养老和家庭养老的压力，发展居家养老服务已成为当前乃至未来中国应对人口老龄化的必然选择。

政府购买居家养老服务起源于西方国家，21世纪初引入我国，率先在北京、上海、南京等相对发达的城市展开实践探索，随后被各级地方政府探索性实践。受地区经济发展、人员、资金投入等方面影响，中国居家养老服务存在服务方式滞后、服务主体单一化、综合监管机制不完善、服务队伍专业化水平较低等问题。在经济发展和人民生活水平均达到较高水准的背景下，提高老年人对居家养老服务的参与意愿，满足老年人养老服务需求成为当前人民群众的迫切愿望。基于上述背景，本书将GERT网络模型引入政府购买居家养老服务的研究中，对南京市鼓楼区政府购买居家养老服务进行探讨，构建以服务质量价值流动关系为基础的GERT网络模型，并设计有效算法，试图找寻影响政府购买居家养老服务质量的关键环节，以期为破解居家养老服务质量问题提供参考借鉴。

近些年，学者对政府购买居家养老服务的相关研究涉及诸多方面，包括：居家养老服务影响因素、主体责任分析、绩效评估等。韩清颖和孙涛（2019）以政府购买公共服务的153个案例为出发点，检验了政府购买公共服务有效性及其影响因素。胡春艳和李蕙娟（2015）以湖南省政府购买居家养老服务为例，从政治问责、契约问责、客户权力和管理问责四个层面来构建问责关系。章晓懿和梅强（2012）构建社区居家养老服务绩效评估指标体系并分析其适用性与局限性。当前有关居家养老服务的研究较为广泛，研究成果丰富，但还存在不足。从研究内容角度来看，学者对政府购买居家养老服务的研究大多侧重于养老服务问题解析、主体间关系及居家养老服务绩效评估等方面，对政府购买居家养老服务质量的影响因素及关键环节的研究比较欠缺。从研究方法角度来看，相关研究多偏重于定性分析，鲜见利用数学建模的定量研究。本书以南京市鼓楼区政府定向委托"XTX老年人服务中心"为居家老人提供养老服务为案例，依据文献研究法及实际调研分析政府购买居家养老服务体系内各主体的行动逻辑，并构建GERT网络模型以探测影响政府购买居家养老服务质量的关键环节所在。

图示评审技术（Graphical Evaluation Review Technique, GERT）是一种随机网络技术，能够有效反映工程项目或生产与服务系统中随机因素的典型特征，应用范围涵盖众多领域，例如：通过构建GERT网络模型，能够寻找产业技术突破过程中的瓶颈所在，揭示主体间价值传递及增值的内在规律，分析新产品开发（NPD）的开发流程等。本书从政府购买服务、社会组织输送服务、老人得到服务三个角度出发，对南京市鼓楼区政府购买居家养老服务开展深入调查，并以此为基础构建政府购买居家养老服务 GERT 网络。结合价值链理论与 GERT 网络方法论，以政府购买居家养老服务环节作为模型节点，依据节点间的传递概率及社会资源的投入设计关键节点测度系数，寻找影响政府购买居家养老服务质量的关键环节。主要研究贡献为：①建立政府购买居家养老服务 GERT 网络模型，作为居家养老服务研究的分析工具，构建有效算法测度影响政府购买居家养老服务质量的关键环节。②针对关键环节提出切实有效的管控措施以避免投入资源的无效浪费，提高资源配置利用效率。

养老服务质量是各环节从资源投入到服务产出再到服务影响各个环节实施养老服务的综合效果。顾客可以对养老服务的环节进行质量评估，进而获得感知价值，即养老服务质量价值。在政府购买居家养老服务 GERT 网络模型中，各环节构成 GERT 网络节点，主体间质量价值流动关系构成网络的边，以资金、人力资本和监管等资源投入为载体的质量价值流动构成网络的流。根据政府购买服务的实施过程，将各节点以串联、并联或混联方式组合而成的随机网络称为政府购买居家养老服务 GERT 网络。

5.3.1.1 信号流图的拓扑方程

梅森在 1953 年提出求解任意复杂结构信号流图的拓扑方程。将梅森的拓扑方程表述如下：

设 x_i，x_j 为信号流图中任意两个节点的变量值，T_{ij} 为节点 i 到节点 j 的等价传递系数，则 $T_{ij} = \dfrac{x_j}{x_i} = \dfrac{1}{\Delta} \sum\limits_{k=1}^{n} p_k \Delta_k$。式中 Δ 表示信号流图的特征式，即：

$$\Delta = 1 - \sum T(L_1) + \sum T(L_2) - \sum T(L_3) + \cdots = 1 - \sum \text{奇阶环的传递函数} + \sum \text{偶阶环的传递函数} \text{或} \Delta = 1 - \sum_m \sum_i (-1)^m T_i(L_m)$$

式中，i 表示在 m 阶环中的第 i 个环；m 表示信号流图中的环的阶数；$T_i(L_m)$ 表示在 m 阶环中，第 i 个环的传递系数；p_k 表示由 i 到 j 第 k 条路径上的传递系数；Δ_k 表示消去与第 k 条路径有关的全部节点和箭头后剩余子图的特征式。

5.3.1.2 GERT 网络模型解析法原理

（1）串联结构。串联结构网络，可用一个单箭头的等价网络代替。如图 5-4 所示，设有 2 个活动串联网络，其 W 参数分别为：$W_{ij}(s) = p_{ij}M_{ij}(s)$，$W_{jk}(s) = p_{jk}M_{ij}(s)$，且有 $W_{ik}(s) = p_{ik}M_{ik}(s)$。

根据矩母函数性质，独立随机变量之和的矩母函数等于各随机变量矩母函数之乘积，又因在串联网络中，故有：

$$\begin{cases} M_{ik}(s) = M_{ij}(s)M_{jk}(s) \\ p_{ik} = p_{ij}p_{jk} \end{cases} \Rightarrow W_{ik}(s) = p_{ij}p_{jk}M_{ij}(s)M_{jk}(s) = W_{ij}(s)W_{jk}(s)$$

对于多节点串联的 GERT 网络，可得 $W_{iz}(s) = W_{ij}(s)W_{jk}(s)W_{kl}(s)\cdots W_{yz}(s)$。

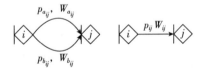

图 5-4　串联 GERT 网络示意图

（2）并联结构。并联结构网络中，2 个平行活动实现的概率为二者之并，具体如图 5-5 所示。GERT 网络中，当节点 i 实现时只能有一个活动被执行，因此 $p_{ij} = p_{a_{ij}} + p_{b_{ij}}$。活动 a 和 b 被执行的概率分别为 $p_{a_{ij}}$ 和 $p_{b_{ij}}$，当 a 被执行时，矩母函数为 $M_{a_{ij}}(s)$，当 b 被执行时为 $M_{b_{ij}}(s)$，因为网络执行一次仅有一个活动被执行，且 i 到 j 之间的活动必须被实现，故有 $M_{ij}(s) = \dfrac{p_{a_{ij}}M_{a_{ij}}(s) + p_{b_{ij}}M_{b_{ij}}(s)}{p_{a_{ij}} + p_{b_{ij}}}$。

因此：

$$W_{ij}(s) = p_{ij}M_{ij}(s) = (p_{a_{ij}} + p_{b_{ij}})\frac{p_{a_{ij}}M_{a_{ij}}(s) + p_{b_{ij}}M_{b_{ij}}(s)}{p_{a_{ij}} + p_{b_{ij}}} = W_{a_{ij}}(s) + W_{b_{ij}}(s)$$

对于 k 个并联活动的网络，等价传递函数为 $W_{ij}(s) = \displaystyle\sum_{n=1}^{k} W_{n_{ij}}(s)$。

图 5-5　并联 GERT 网络示意图

（3）自环结构。自环结构网络由一个节点的自环和由此节点以一个正概率引出的活动构成，可用一个等价的单箭头网络来表示。具体如图 5-6 所示。

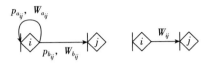

图 5-6　单箭头网络代替单节点自环 GERT 网络示意图

自环结构中总有一个正概率引回节点 i 本身，自环可能被执行 n 次（$n=0$, 1, 2, 3, $\cdots$, n）后从活动 b 引出。故可将自环用一组并联结构代替，具体如图 5-7 所示。

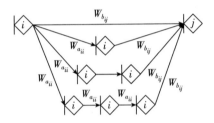

图 5-7　并联结构代替自环结构 GERT 网络示意图

图中每条并联路径表示在自环上经过 n 次反馈后，再经过活动 b 到达节点 j。自环结构等价传递函数为：

$$W_{ij}(s) = W_{b_{ij}}(s) + W_{a_{ij}}(s)W_{b_{ij}}(s) + W_{a_{ij}}^2(s)W_{b_{ij}}(s) + \cdots = W_{b_{ij}}(s)\Big[1 + \sum_{n=1}^{\infty} W_{a_{ii}}^n(s)\Big]$$

根据幂级数展开式特征 $1 + W + W^2 + \cdots = (1-W)^{-1}$，故有 $W_{ij}(s) = \dfrac{W_{b_{ij}}(s)}{1 - W_{a_{ii}}(s)}$，又由 $p_{a_{ii}} + p_{b_{ij}} = 1$，故 $W_{ij}(s) = M_{ij}(s) = \dfrac{p_{b_{ij}}M_{b_{ij}}(s)}{1 - p_{a_{ii}}M_{a_{ii}}(s)}$。

5.3.1.3　GERT 网络主要参数构建及求解

（1）GERT 网络求解。信号流图理论中，闭信号流图的特征式等于 0，此结论适用于 GERT 网络。令 H 表示具有 W 参数的闭合网络特征值，则 $H = 1 -$

$W_E(s)W_A(s)$。所以 $W_A(s) = \dfrac{1}{W_E(s)}$，又 $W_E(s) = p_E M_E(s)$，由矩母函数特征，当 $s=0$ 时，$W_E(0) = p_E M_E(0) = p_E \int_{-\infty}^{+\infty} e^{st} f(t)\,\mathrm{d}t \big|_{s=0} = p_E$。因此，等价概率 p_E 为等价传递函数 $W_E(s)$ 在 $s=0$ 时的数值，即 $P_E = W_E(s)\big|_{s=0}$。利用信号流图中梅森公式求解出任意 GERT 网络的等价传递函数 $W_E(s)$，相应的等价矩母函数 $M_E(s)$ 即可求得：$M_E(s) = \dfrac{W_E(s)}{p_E} = \dfrac{W_E(s)}{W_E(0)}$。

按矩母函数的基本性质，即矩母函数的 n 阶导数在 $s=0$ 处的数值，就是随机变量的 n 阶原点矩，因此有：

$$E[x] = t_E = \frac{\partial}{\partial s}\left[M_E(s) \right]\Big|_{s=0} = \frac{\partial}{\partial s}\left[\frac{W_E(s)}{W_E(0)} \right]\Big|_{s=0}\ ; \quad E[x^2] = \frac{\partial^2}{\partial s^2}\left[M_E(s) \right]\Big|_{s=0} = \frac{\partial^2}{\partial s^2}\left[\frac{W_E(s)}{W_E(0)} \right]\Big|_{s=0}$$

$$V[x] = E[x^2] - (E[x]^2) = \frac{\partial^2}{\partial s^2}\left[\frac{W_E(s)}{W_E(0)} \right]\Big|_{s=0} - \left\{ \frac{\partial}{\partial s}\left[\frac{W_E(s)}{W_E(0)} \right]\Big|_{s=0} \right\}^2$$

证明：

$$\frac{\partial}{\partial S_k}\left[\frac{W_{ij}(S_1,\ S_2,\ \cdots,\ S_k,\ \cdots,\ S_n)}{W_{ij}(0)} \right]\Big|_{S_k=0}$$

$$= \frac{\partial}{\partial s}\left[\int_{-\infty}^{+\infty} e_{ij}^{s_1 x_{ij}(1)} f(x_{ij}(1))\,\mathrm{d}x_{ij}(1) \int_{-\infty}^{+\infty} e_{ij}^{s_1 x_{ij}(2)} f(x_{ij}(2))\,\mathrm{d}x_{ij}(2) \cdots \int_{-\infty}^{+\infty} e_{ij}^{s_1 x_{ij}(k)} f(x_{ij}(k))\,\mathrm{d}x_{ij}(k) \cdots \right.$$

$$\left. \int_{-\infty}^{+\infty} e_{ij}^{s_1 x_{ij}(n)} f(x_{ij}(n))\,\mathrm{d}x_{ij}(n) \right]_{S_k=0} = \left[\int_{-\infty}^{+\infty} x_{ij}(k) \int_{-\infty}^{+\infty} e_{ij}^{s_1 x_{ij}(k)} f(x_{ij}(k))\,\mathrm{d}x_{ij}(k) \right]_{S_k=0} =$$

$$\left[\int_{-\infty}^{+\infty} x_{ij}(k) f(x_{ij}(k))\,\mathrm{d}x_{ij}(k) \right] = E_{ij}(x)$$

同理，若随机变量 x 的矩母函数的各阶导数在 $s=0$ 处均存在，则：

$$M_{ij}^n(s) = \frac{\partial}{\partial s}\left[M_{ij}(s) \right]_{s=0} = E_{ij}(x^n)$$

GERT 网络中，随机变量 x 的均值为：

$$E_{ij}[x] = \frac{\partial}{\partial s}\left[M_{ij}(s) \right]\big|_{s=0} = \frac{\partial}{\partial s}\left[\frac{W_{ij}(s)}{W_{ij}(0)} \right]\Big|_{s=0}$$

故随机变量 x 的方差为：

$$V_{ij}[x] = E_{ij}(x^2) - E_{ij}(x)^2 = \frac{\partial^2}{\partial s^2}\left[\frac{W_{ij}(s)}{W_{ij}(0)}\right]\bigg|_{s=0} - \left\{\frac{\partial}{\partial s}\left[\frac{W_{ij}(s)}{W_{ij}(0)}\right]\bigg|_{s=0}\right\}^2$$

（2）节点决策概率的确定。节点决策概率表征 GERT 网络节点能否成功实现，因政府购买居家养老服务受地区经济发展、人员、资金投入等多方面影响，节点决策概率很难确定。最大熵模型源于 Jaynes 提出的最大熵理论，是一种基于"当前存在"预测"未知分布"的学习方法，其原理为熵最大原则，根据不完全信息预测、估算事物随机分布及概率。在政府购买居家养老服务领域，无法直接通过约束条件得到节点的决策概率，运用最大熵原理可以有效解决此类问题。按照最大熵准则，在已知部分信息的基础上，当各条路径熵值达到最大且满足约束条件时所得到的概率值出现的可能性越大。多目标最大熵问题能够通过线性加权的方式转化为单目标最大熵问题且最大熵模型存在唯一的最优解，文献为本节构建最大熵模型与求解节点决策概率提供依据。由于 GERT 网络节点间的概率分布为离散型分布，故构建最大熵模型如下：

$$\max F(p) = [f_{i1}(p), \cdots, f_{ij}(p), \cdots, f_{im}(p)]^{\mathrm{T}}(f_{ij}(p) = -\sum_{j=1}^{m} p_{ij}\ln p_{ij})$$

$$\text{s. t.}\begin{cases} \sum_{j=1}^{m} p_{ij} = 1 \\ p_{ij} \geqslant 0 \\ j = 1, 2, \cdots, m \end{cases}$$

p 为节点 i 到节点 j 各条路径上的概率，节点 i 到节点 j 有 m 条路径，$f_{ij}(p)$ 为节点 i 到节点 j 的熵函数。节点 i 到节点 j 每条路径的概率之和为 1，即 $\sum_{j=1}^{m} p_{ij} = 1$。求解此模型，采用拉格朗日乘数法，定义拉格朗日算子为 β：

$$L(F, \beta) = -\sum_{j=1}^{m} p_{ij}\ln p_{ij} + \beta\left(\sum_{j=1}^{m} p_{ij} - 1\right)$$

为满足熵值最大，由驻点条件 $\frac{\partial L}{\partial P_{ij}} = 0$ 得 $-(\ln p_{ij} + 1) + \beta = 0$，即 $\ln p_{ij} = \beta - 1$，$p_{ij} = e^{\beta-1}$，代入约束条件 $\sum_{j=1}^{m} p_{ij} = 1$，即可得出节点决策概率。

（3）关键节点测度系数。政府购买居家养老服务 GERT 网络中各节点通过资金、人力资本和监管等资源的投入实现质量价值增值。社会资源的投入程度决定服务质量的优劣，为提高资源配置利用效率，需限制投入资源且使其变化幅度趋于稳定。故养老服务质量受平均社会资源投入 E 和变化幅度 V 两方面影响。本节从平均社会资源投入 E 和变化幅度 V 两个维度出发，提出关键节点测度系数 λ 作为综合两方面影响因素的评价指标，并进一步验证该指标的适用性与合理性。在政府购买居家养老服务 GERT 网络中，根据各环节不同资源的投入情况，求得相应的 λ 值。定义 GERT 网络关键节点测度系数为 $\lambda = \varepsilon E_{ij}[x] + (1-\varepsilon)\sqrt{V_{ij}[x]}$。

关键节点测度系数是政府购买居家养老服务 GERT 网络模型中某一节点 i 成功实现的难易程度对养老服务质量的影响程度，即若节点 i 关键节点测度系数越大，则此节点在整个过程中对服务质量的影响越大，即为影响政府购买居家养老服务质量的关键环节。参数 $\varepsilon \in (0, 1)$ 反映服务质量与平均资源投入、变化幅度的关联情况。当 $\varepsilon > 0.5$ 时，说明服务质量受平均资源投入的影响较大；当 $\varepsilon < 0.5$ 时，说明服务质量受变化幅度的影响较大。证明 λ 与节点 i 至终节点之间平均资源投入 E 与变化幅度 V 呈负相关。由于 $E > 0$，$V > 0$，$\frac{\partial \lambda}{\partial E} = \varepsilon > 0$，$\frac{\partial \lambda}{\partial V} = \frac{1-\varepsilon}{2\sqrt{V}} > 0$，

$\frac{\partial^2 \lambda}{\partial E^2} = 0$，$\frac{\partial^2 \lambda}{\partial V^2} = -\frac{1-\varepsilon}{4\sqrt{V^3}} < 0$。故 λ 是 E 的凹函数，是 V 的严格凹函数。

5.3.2 案例研究

（1）案例简介。南京市鼓楼区在深入调查的基础上策划、设计并实施"居家养老服务网"工程，为独居老人家庭免费提供生活照料服务。鼓楼区政府购买居家养老服务时，没有发标、招标与公开竞标，而是以项目委托方式委托民办非企业"XTX 老年人服务中心"具体运作。调查发现，社区居家养老服务存在项目残缺问题。"中心"提供的服务多是防范性的保障服务，专业性较强的服务如医疗护理、精神慰藉及法律服务等基本未能提供。鼓楼区政府建立区、街道、社区居委会三级评估网，引入第三方监督评估机制。但养老服务监督评估机制不健全，缺乏对政府的财政资金分配和政策执行情况的监督和评估，容易出现资金使用问题及寻租腐败等。鉴于此，本节将南京市鼓楼区政府购买居家养老服务的实际运作流程和 GERT 网络结合，通过计算关键节点测度系数识别影响服务质量的关键环节，以期为政府购买居家养老服务提供决策依据。

（2）GERT 网络模型参数测算及结果分析。基于对南京市鼓楼区政府购买居家养老服务的深入调查，分析政府、承包商、老年人三者之间的关系后，建立政府购买居家养老服务 GERT 网络，具体如图 5 - 8 所示。网络中节点 1 ~ 12 分别为：①确定外包服务；②可行性分析；③甄选承包商；④委托承包商；⑤构建监督评估体系；⑥监督评估；⑦项目组织与管理；⑧招聘服务人员；⑨培训服务人员；⑩服务人员上门服务；⑪提供日托、临时托养、紧急救助服务；⑫服务对象得到服务。

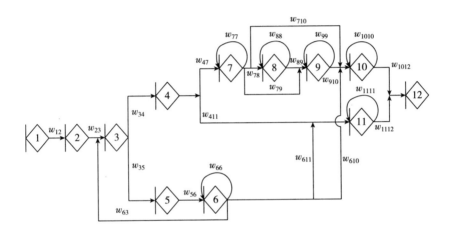

图 5 - 8　政府购买居家养老服务 GERT 网络模型

政府为困难老人购买居家养老服务是以政府主导为核心，承包商提供养老服务为基础，第三方评估机构及公众对购买活动与承包商提供的养老服务进行监督与评估的过程。为便于计算各环节资源投入量及产生的质量价值增值量，本书把 GERT 网络各节点的资源投入量及其产出量用数量来衡量，令取值范围为 0 ~ 1。其中各环节投入资金 I、人力资本 S、监管 R 等资源。根据现有鼓楼区政府购买居家养老服务的调查数据和最大熵模型的求解方法，确定各节点的转移概率，采用专家调查法确定各环节间相关参数。具体如表 5 - 6 所示。

以节点 1 为例，计算过程如下。根据梅森公式 $W_E(s) = \dfrac{1}{H} \sum\limits_{k=1}^{n} W_k(s) H_k$，$H$ 为 GERT 网络的特征式，得到节点 1 到节点 12 的等价传递函数：

$$W_E(s) = \frac{W_1 H_1 + W_2 H_2 + W_3 H_3 + W_4 H_4 + W_5 H_5 + W_6 H_6}{1 - \sum_{1\text{阶环}} W + \sum_{2\text{阶环}} W - \sum_{3\text{阶环}} W + \sum_{4\text{阶环}} W - \sum_{5\text{阶环}} W + \sum_{6\text{阶环}} W}$$

表 5 - 6　政府购买居家养老服务 GERT 网络参数

活动	概率	相关参数		
		I	S	R
(1, 2)	0.84	0.26	0.25	0.21
(2, 3)	0.56	0.31	0.21	0.16
(3, 4)	0.81	0.71	0.15	0.11
(3, 5)	0.43	0.29	0.22	0.29
(5, 6)	0.75	0.18	0.32	0.44
(6, 3)	0.32	0.11	0.14	0.35
(6, 6)	0.12	0.07	0.14	0.16
(6, 10)	0.65	0.38	0.53	0.41
(6, 11)	0.56	0.32	0.45	0.39
(4, 7)	0.76	0.71	0.22	0.21
(4, 11)	0.25	0.29	0.43	0.16
(7, 7)	0.11	0.14	0.11	0.13
(7, 8)	0.28	0.21	0.24	0.23
(7, 9)	0.27	0.31	0.23	0.25
(7, 10)	0.34	0.31	0.16	0.21
(8, 8)	0.21	0.27	0.16	0.11
(8, 9)	0.60	0.23	0.22	0.18
(9, 9)	0.16	0.12	0.15	0.21
(9, 10)	0.78	0.15	0.28	0.28
(10, 10)	0.21	0.13	0.12	0.11
(10, 12)	0.71	0.37	0.34	0.35
(11, 11)	0.11	0.13	0.11	0.09
(11, 12)	0.76	0.31	0.31	0.35

式中：

$$W_1 = w_{12} w_{23} w_{34} w_{47} w_{78} w_{89} w_{910} w_{1012}, \quad H_1 = 1 - w_{66} - w_{1111} + w_{66} w_{1111}$$

$$W_2 = w_{12}w_{23}w_{34}w_{47}w_{79}w_{910}w_{1012}$$

$$H_2 = 1 - w_{66} - w_{88} - w_{1111} + w_{66}w_{88} + w_{66}w_{1111} + w_{88}w_{1111} - w_{66}w_{88}w_{1111}$$

$$W_{3-6} = \cdots, \quad H_{3-6} = \cdots$$

设每项活动的时间参数均为常数 1，则其相应的矩母函数为 $M(s) = E[e^{st}] = e^s$。代入上述公式，计算得到等价传递概率 $P_{(1,12)}$。

$$W_{(1,12)}(s) = \frac{w_{12}w_{23}w_{34}w_{47}w_{78}w_{89}w_{910}w_{1012}e^{8s}(1 - w_{66}e^s - w_{1111}e^s + w_{66}w_{1111}e^{2s}) + \cdots}{1 - \sum_{1\text{阶环}}W + \sum_{2\text{阶环}}W - \sum_{3\text{阶环}}W + \sum_{4\text{阶环}}W - \sum_{5\text{阶环}}W + \sum_{6\text{阶环}}W}$$

$$p_{(1,12)} = W_{(1,12)}(0) = 0.306。$$

即到达节点 12 的概率为 0.306，故 $M_E(s) = \dfrac{W_E(s)}{0.306}$。

同理，在 GERT 网络中投入资金 I、人力资本 S、监管 R 等资源，得到相应的矩母函数 $M_E(i)$、$M_E(s)$、$M_E(r)$，求得期望 $E_{(1,12)}(i)$、$E_{(1,12)}(s)$、$E_{(1,12)}(r)$，得平均资源投入：$E_{(1,12)}[x] = 0.279 + 0.050 + 0.041 = 0.370$。再求得矩母函数的二阶导数 $E_{(1,12)}(i^2)$、$E_{(1,12)}(s^2)$、$E_{(1,12)}(r^2)$，即可得投入资源变化幅度 $V_{(1,12)} = 1.623 + 0.289 + 0.269 = 2.181$。

节点 1 关键节点测度系数为：$\lambda = 0.5E_{(1,12)}[x] + 0.5\sqrt{V_{(1,12)}[x]} = 0.924$。政府购买居家养老服务质量受各环节平均资源投入及变化幅度的影响，且两者对服务质量影响程度同等重要，故取 $\varepsilon = 0.5$。可依次求出其他节点 i 到终节点的各项参数，结果如表 5-7 所示。其中，P 为 GERT 网络中当前节点 i 到终节点的等价传递概率，E、V 分别为节点 i 的平均资源投入量及变化幅度，λ 为关键节点测度系数。

为更直观比较政府购买居家养老服务各环节的关键节点测度系数大小，得到类比示意图如图 5-9 所示。

由图 5-9 得知，政府购买居家养老服务 GERT 网络中关键节点测度系数排序为：$\lambda_6 > \lambda_5 > \lambda_3 > \lambda_7 > \lambda_4 > \lambda_2 > \lambda_{11} > \lambda_{10} > \lambda_9 > \lambda_8 > \lambda_1$。按上述定义，关键节点测度系数越大，表明此环节在政府购买居家养老服务过程中越为重要。处于前 3 位的关键环节分别是监督评估、构建监督评估体系和甄选承包商。政府购买居家养老服务时，应着重于关键环节的社会资源投入、政策制度制定等方面，采取合适的管控措施以提高资源配置利用效率。

表 5 - 7　政府购买居家养老服务 GERT 网络参数

节点	概率	相关参数		
i	P	E	V	λ
1	0.306	0.370	2.181	0.924
2	0.377	1.191	6.481	1.868
3	0.674	2.560	12.782	3.068
4	0.604	2.254	4.964	2.241
5	0.646	3.581	18.231	3.925
6	0.909	7.796	29.597	6.618
7	0.071	2.372	7.594	2.564
8	0.488	0.614	2.165	1.043
9	0.736	1.078	2.291	1.296
10	0.868	1.578	1.178	1.332
11	0.566	2.151	1.086	1.596

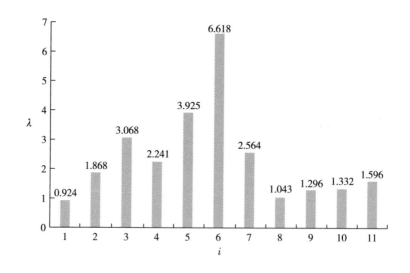

图 5 - 9　各节点关键节点测度系数类比示意图

政府购买居家养老服务 GERT 网络模型表明：监督评估、构建监督评估体系和甄选承包商是影响养老服务质量的关键环节。政府应从加强监管、完善承包商准入机制两方面协调推进。推行公众对服务质量满意度的反馈机制，与独立的第三方评估机构合作，使公众及第三方评估机构监督社会组织提供的养老服务质量和政府购买过程，建立并逐步完善政府购买公共服务质量监控体系。积极引入市场机制，通过竞争性谈判、邀请招标、竞争性招标等方式吸引相关社会组织或机构参与政府购买居家养老服务，政府依据服务质量、价格等因素选择社会组织进行合作。针对上述关键环节实施有效管控措施才能理顺各环节间的良性互动关系，提高资源配置利用效率，以推动政府购买居家养老服务持续稳定发展。

5.4 政府购买公共服务提供商选择方法

针对政府购买公共服务提供商选择问题，本节以政府购买居家养老服务为例，构建基于 IFHG 算子和灰色关联 TOPSIS 的提供商选择决策模型。从技术、服务、经济、运营管理四个层面设计了政府购买居家养老服务提供商选择指标体系，结合专家评价不确定性和相似度确定直觉模糊混合几何（IFHG）算子的加权向量，以将专家各自直觉模糊决策矩阵集成直觉模糊决策矩阵。在此基础上采用灰色关联改进 TOPSIS 方法对提供商进行排序，并通过算例验证了所提方法的可行性和有效性，为政府购买居家养老服务提供商的选择决策提供有效参考。

5.4.1 政府购买居家养老服务提供商选择指标体系设计

目前，提供商的选择指标体系相对比较成熟，被学术界普遍认可的是美国学者 Gary W. Dickson 建立的包括报价、物流水平、地理位置、财务状况和信誉等 23 个指标在内的提供商选择指标体系。但具体到逐步制度化、成熟化的政府购买居家养老服务提供商选择的研究，稍显不足。本书借鉴林婉婷（2017）建立的政府购买居家养老服务提供商选择指标体系，并对居家养老服务相关领域专家进行访谈，剔除得分较低的指标，筛选出更能体现具体服务能力的指标以区分各提供商的差异性。最后确立由 4 个一级指标、11 个二级指标构成的政府购买居家养老服务提供商选择指标体系，具体如表 5 - 8 所示。

表 5 - 8　政府购买居家养老服务提供商选择指标体系

	一级指标	二级指标
政府购买居家养老服务提供商选择指标	技术	居家养老信息服务线上平台 C_1
		呼叫客服中心建设 C_2
	服务	应急与安全保障措施 C_3
		服务内容 C_4
		服务机制 C_5
		服务响应情况 C_6
		服务流程的规范性 C_7
	经济	财务状况 C_8
		投标报价情况 C_9
	运营管理	服务投诉渠道和处理程序的设立 C_{10}
		应急预案的制定 C_{11}

5.4.2　基于 IFHG 算子和灰色关联 TOPSIS 的提供商选择决策模型

由评审专家组成的评标委员会考虑技术、服务、经济、价格等多方面因素，共同对政府购买居家养老服务投标的提供商进行评价和优选。可抽象为如下形式的多属性群决策问题：设通过资格预审的投标提供商集为 $A = \{A_i, i = 1, 2, \cdots, n\}$，评价指标集为 $C = \{C_j, j = 1, 2, \cdots, m\}$，令 ω_i 为属性 C_j 的权重，满足 $\omega_i \in [0, 1]$，且 $\sum_{j=1}^{m} \omega_j = 1$。政府部门对定量指标进行客观数据收集，依托评审专家对定性指标进行主观评价。专家群体集为 $D = \{D_s, s = 1, 2, \cdots, k\}$，令 λ_s 为专家 D_s 的权重，满足 $\lambda_s \in [0, 1]$，且 $\sum_{s=1}^{k} \lambda_s = 1$。若 m 个评价指标中，有 h 个为定性指标，则专家 D_s 做出的评价矩阵为 $V_s = [a_{ij}^s]_{n \times h}$，$j = 1, 2, \cdots, h$，其中 a_{ij}^s 表示专家 D_s 对提供商 A_i 在属性 C_j 上的评价值，评价值用语言变量表示，设定语言评价集，$L = \{L_\alpha, \alpha = 1, 2, \cdots, r\}$，$r$ 为粒度。

5.4.2.1　直觉模糊信息集成

（1）直觉模糊数和直觉模糊集的相似度。设 X 是一个非空集合，则称 $A = \{\langle x, \mu_A(x), v_A(x)\rangle \mid x \in X\}$ 为直觉模糊集，$\mu_A(x)$ 和 $v_A(x)$ 分别为 X 中元素 x 属于 A 的隶属度和非隶属度，且满足条件 $0 \leqslant \mu_A(x) + v_A(x) \leqslant 1$，$x \in X$。$\pi_A(x) = 1 - \mu_A(x) - v_A(x)$，$x \in X$ 表示 X 中元素 x 属于 A 的犹豫度，且 $0 \leqslant \pi_A(x) \leqslant 1$，$x \in X$。称 $\alpha = (\mu_\alpha, v_\alpha)$ 为直觉模糊数，$\mu_\alpha \in [0, 1]$，$v_\alpha \in [0, 1]$，$\mu_\alpha + v_\alpha \leqslant 1$。对于任一直觉模糊数 $\alpha = (\mu_\alpha, v_\alpha)$，可通过得分函数 s 进行评估：

$$s(\alpha) = \mu_\alpha - v_\alpha \tag{5.17}$$

其中 $s(\alpha)$ 为 α 的得分值，$s(\alpha) \in [-1, 1]$。

设 X 为一非空集合，$\phi(X)$ 为 X 上所有直觉模糊集的集合，$\vartheta: (\phi(X))^2 \to [0, 1]$ 为一个映射，且设 $A_j \in \phi(X)(j = 1, 2, 3)$，则称 $\vartheta(A_1, A_2)$ 为 A_1 和 A_2 的相似度。设 d 为一个映射：$d: (\phi(X))^2 \to [0, 1]$，则直觉模糊集 A_1 和 A_2 之间的距离测度和直觉模糊相似度可分别表示为：

$$d(A_1, A_2) = \sqrt{\frac{1}{2n}\sum_{i=1}^{n}\left[(\mu_{A_1} - \mu_{A_2})^2 + (v_{A_1} - v_{A_2})^2 + (\pi_{A_1} - \pi_{A_2})^2\right]} \tag{5.18}$$

$$\vartheta(A_1, A_2) = 1 - \sqrt{\frac{1}{2n}\sum_{i=1}^{n}\left[(\mu_{A_1} - \mu_{A_2})^2 + (v_{A_1} - v_{A_2})^2 + (\pi_{A_1} - \pi_{A_2})^2\right]}$$

$$\tag{5.19}$$

特别地，任何两个直觉模糊数 $\alpha = (\mu_\alpha, v_\alpha, \pi_\alpha)$ 和 $\beta = (\mu_\beta, v_\beta, \pi_\beta)$ 的距离测度为 $d(\alpha, \beta) = \sqrt{\frac{1}{2}\left[(\mu_\alpha - \mu_\beta)^2 + (v_\alpha - v_\beta)^2 + (\pi_\alpha - \pi_\beta)^2\right]}$。

（2）指标权重的确定和评价语义信息的转化。由于评价指标较多且各指标间量纲存在差异，需将各评价指标进行简化处理，借助模糊理论按其性质分为若干等级，在定性目标论域 $[0, 1]$ 上给出评定值。参考耿秀丽和叶春明（2014）基于粗糙集挖掘获取指标权重的多属性决策方法，本书将决策者对提供商各个指标的评价分为 5 个等级：好、较好、一般、较差、差，以此为各评价指标进行赋值。熵权法是根据指标数据本身信息确定指标权重的客观赋值法。该方法可以有效反映数据中隐含的信息，能够达到全面反映各类信息之目的。具体过程如下：

步骤一：计算第 j 个指标的信息熵权。

$$e_j = -\frac{1}{\ln m} \sum_{i=1}^{m} r_{ij} \ln(r_{ij}) \tag{5.20}$$

其中，$r_{ij} = \dfrac{y_{ij} + 0.1}{\sum\limits_{i=1}^{m}(y_{ij} + 0.1)}, j = 1, 2, \cdots, n$。

步骤二：计算第 j 个指标的差异系数。

$$e'_j = 1 - e_j \tag{5.21}$$

步骤三：计算第 j 个指标的客观权重。

$$v_j = \frac{e'_j}{\sum\limits_{j=1}^{n} e'_j} \tag{5.22}$$

决策者采用"语义评价信息（犹豫度）"的形式表达对居家养老服务提供商各个指标的评价，犹豫度分为 3 个等级：很小、小、一般，分别用 $\pi = 0.1$，0.2，0.3 表示。按照评标习惯，指标的语义评价分为 5 个等级。提供商的评价语义术语和对应的直觉模糊数形式如表 5-9 所示。

表 5-9　提供商的评价语义术语与对应的直觉模糊数转化表

语义评价信息	直觉模糊数	a, b 的取值
G（好）	$(0.9 - a \times \pi, 0.1 - b \times \pi)$	$a = 1$，$b = 0$
MG（较好）	$(0.7 - a \times \pi, 0.3 - b \times \pi)$	$a = 0.5$，$b = 0.5$
F（一般）	$(0.5 - a \times \pi, 0.5 - b \times \pi)$	$a = 0.5$，$b = 0.5$
MP（较差）	$(0.3 - a \times \pi, 0.7 - b \times \pi)$	$a = 0.5$，$b = 0.5$
P（差）	$(0.1 - a \times \pi, 0.9 - b \times \pi)$	$a = 0$，$b = 1$

（3）IFHG 算子加权向量的确定及群直觉模糊矩阵的集成。决策者在指标体系中对提供商做出评价后，将各专家的评价信息利用 IFHG 算子进行集成。由于指标信息的模糊性和专家在居家养老服务领域认知的局限，专家给出的评价信息具有不确定性和差异性。本节综合考虑专家评价不确定性与相似度确定 IFHG 算子的加权向量，进而把每个直觉模糊决策矩阵集成群直觉模糊决策矩阵。

直觉模糊混合几何（IFHG）算子是一个映射 IFHG：$\Theta^n \to \Theta$，使得：

$$IFHG_{\omega,w}(\alpha_1, \alpha_2, \cdots, \alpha_n) = (\prod_{j=1}^{n} \mu_{\ddot{\alpha}_{\sigma(j)}}^{w_j}, 1 - \prod_{j=1}^{n} (1 - v_{\ddot{\alpha}_{\sigma(j)}})^{w_j}) \tag{5.23}$$

其中，$w = (w_1, w_2, \cdots, w_n)^T$ 为 $IFHG$ 算子的加权向量，$w_j \in [0, 1](j = 1, 2, \cdots, n)$，$\sum_{j=1}^{n} w_j = 1$。$\ddot{\alpha}_j = \alpha_j^{n\omega_i}(j = 1, 2, \cdots, n)$，$(\ddot{\alpha}_{\sigma(1)}, \ddot{\alpha}_{\sigma(2)}, \cdots, \ddot{\alpha}_{\sigma(n)})$ 是指数加权的直觉模糊数组 $(\ddot{\alpha}_1, \ddot{\alpha}_2, \cdots, \ddot{\alpha}_n)$ 的一个置换，使得 $\ddot{\alpha}_{\sigma(j)} \geqslant \ddot{\alpha}_{\sigma(j+1)}(j = 1, 2, \cdots, n - 1)$，$\omega = (\omega_1, \omega_2, \cdots, \omega_n)^T$ 是 $\alpha_j(j = 1, 2, \cdots, n)$ 的指数权重向量，$\omega_j \in [0, 1](j = 1, 2, \cdots, n)$，$\sum_{j=1}^{n} \omega_j = 1$，$n$ 为平衡系数。

专家评价信息的不确定性反映专家做决策的犹豫程度。令 π_s 表示专家 D_s 评价结果的整体犹豫度，满足：

$$\pi_s = \sum_{i=1}^{n} \sum_{j=1}^{m} \pi_{ij}^s \tag{5.24}$$

犹豫度越大，不确定程度越大，评价结果的可信任度越小，由此得到专家 D_s 的客观权重 w_s^1：

$$w_s^1 = \frac{1/\pi_s}{\sum\limits_{s=1}^{k} 1/\pi_s} \tag{5.25}$$

专家评价信息的差异性容易导致因某专家个人因素对评价结果产生不合理的影响。为度量任意两个专家之间直觉模糊相似度，首先将专家 D_s 的评价矩阵 V_s 转化为评价向量 $\tilde{V}_s$，则 $\tilde{V}_s = [(\tilde{\mu}_1^s, \tilde{v}_1^s), (\tilde{\mu}_2^s, \tilde{v}_2^s), \cdots, (\tilde{\mu}_n^s, \tilde{v}_n^s)]$，根据式(5.23)推出：

$$\tilde{\mu}_i^s = \prod_{j=1}^{h} (\tilde{\mu}_{ij}^s)^{\omega'_j} \tag{5.26}$$

$$\tilde{v}_i^s = 1 - \prod_{j=1}^{h} (1 - \tilde{v}_{ij}^s)^{\omega'_j} \tag{5.27}$$

$$\omega'_j = \frac{\omega_j}{\sum\limits_{j=1}^{h} \omega_j} \tag{5.28}$$

ω'_j 为各定性指标的相对权重，$(\tilde{\mu}_i^s, \tilde{v}_i^s)$ 代表专家 D_s 对 A_i 的直觉模糊评价值，则专家群的直觉模糊评价矩阵 $\tilde{V}$ 表示为：

$$A_1 \qquad A_2 \qquad \cdots \qquad A_n$$

$$\tilde{V} = \begin{array}{c} D_1 \\ D_2 \\ \vdots \\ D_k \end{array} \begin{bmatrix} (\tilde{\mu}_1^1, \tilde{v}_1^1) & (\tilde{\mu}_2^1, \tilde{v}_2^1) & \cdots & (\tilde{\mu}_n^1, \tilde{v}_n^1) \\ (\tilde{\mu}_1^2, \tilde{v}_1^2) & (\tilde{\mu}_2^2, \tilde{v}_2^2) & \cdots & (\tilde{\mu}_n^2, \tilde{v}_n^2) \\ \vdots & \vdots & \ddots & \vdots \\ (\tilde{\mu}_1^k, \tilde{v}_1^k) & (\tilde{\mu}_2^k, \tilde{v}_2^k) & \cdots & (\tilde{\mu}_n^k, \tilde{v}_n^k) \end{bmatrix}$$

令任意两个专家 D_p 和 D_l 的直觉模糊评价向量分别为 $\tilde{V}_p$ 和 $\tilde{V}_l$，由式（5.19）可知两者之间的直觉模糊相似度可表示为：

$$\vartheta_{pl} = 1 - \sqrt{\frac{1}{2n} \sum_{i=1}^{n} \left[(\tilde{\mu}_i^p - \tilde{\mu}_i^l)^2 + (\tilde{v}_i^p - \tilde{v}_i^l)^2 + (\tilde{\pi}_i^p - \tilde{\pi}_i^l)^2 \right]} \qquad (5.29)$$

ϑ_{pl} 为专家 D_p 和专家 D_l 评价结果的相似程度，由此得到专家之间的相似矩阵为：

$$\vartheta = \left[\vartheta_{pl} \right]_{k \times k} = \begin{bmatrix} \vartheta_{11} & \vartheta_{12} & \cdots & \vartheta_{1k} \\ \vartheta_{21} & \vartheta_{22} & \cdots & \vartheta_{2k} \\ \vdots & \vdots & \ddots & \vdots \\ \vartheta_{k1} & \vartheta_{k2} & \cdots & \vartheta_{kk} \end{bmatrix}$$

用 R_s 表示某专家自身的评价结果与其他专家群体评价的相似度之和（即相似矩阵的行之和），有：

$$R_s = \sum_{p=1}^{k} \vartheta_{sp} - 1 \qquad (5.30)$$

R_s 越小，说明专家个体与群体的评价具有较大差异性，该专家赋予的权重应越小，得到专家 D_s 的客观权重 w_s^2：

$$w_s^2 = \frac{R_s}{\sum_{s=1}^{k} R_s} \qquad (5.31)$$

综合考虑专家评价不确定性与相似度两方面，得到 IFHG 算子的加权向量 w_s：

$$w_s = \varepsilon w_s^1 + (1 - \varepsilon) w_s^2, \quad (s = 1, 2, \cdots, k) \qquad (5.32)$$

参数 $\varepsilon \in [0, 1]$ 表示决策者对专家评价信息的确定性和一致性的重视程度。

运用直觉模糊混合几何（IFHG）算子集成群直觉模糊矩阵由以下步骤组成：

①对直觉模糊数 $\alpha_j(j=1,2,\cdots,n)$ 赋予相应的权 $\omega_j(j=1,2,\cdots,n)$，得到 $\alpha_j^{\omega_j}(j=1,2,\cdots,n)$，然后用平衡系数 n 乘以这些加权的直觉模糊数，得到 $\alpha_j^{n\omega_j}(j=1,2,\cdots,n)$。②令 $\ddot\alpha=\alpha_j^{n\omega_j}(j=1,2,\cdots,n)$，并各自从大到小进行排序，得到 $(\ddot\alpha_{\sigma(1)},\ddot\alpha_{\sigma(2)},\cdots,\ddot\alpha_{\sigma(n)})$，其中 $\ddot\alpha_{\sigma(j)}$ 为 $\alpha_i^{n\omega_i}(i=1,2,\cdots,n)$ 中第 j 大的元素。③用位置权重 $w_j(j=1,2,\cdots,n)$ 对 $\ddot\alpha_{\sigma(j)}(j=1,2,\cdots,n)$ 进行赋权，并对所有加权的直觉模糊数据 $\ddot\alpha_{\sigma(j)}^{w_j}(j=1,2,\cdots,n)$ 进行集成。

5.4.2.2 灰色关联改进 TOPSIS 决策方法

逼近理想解排序法（Technique for Order Preference by Similarity to an Ideal Solution，TOPSIS）依据评价对象与理想化目标的接近程度，借助于问题的正、负理想解，对被评对象进行排序。本书用灰色关联度进行改进：求出各评价对象在各指标下与正、负理想解的灰关联系数，进而通过求解灰关联度得到各对象与正理想解的贴近度。

步骤一：确定正负理想解：

$$\begin{cases} A^+=\{a_j^+\},\ A^-=\{a_j^-\},\ j=1,2,\cdots,m \\ \alpha_j^+=\max_j\alpha_{ij},\ \alpha_j^-=\min_j\alpha_{ij} \end{cases} \tag{5.33}$$

步骤二：计算各提供商每个指标与正理想解的灰关联系数 ξ^+：

$$\xi^+=\frac{\min_i\min_j d_{ij}^+ +\rho\,\max_i\max_j d_{ij}^+}{d_{ij}^+ +\rho\,\max_i\max_j d_{ij}^+} \tag{5.34}$$

其中，$d_{ij}^+=d(a_{ij},a_j^+)$，$i=1,2,\cdots,n$；$j=1,2,\cdots,m$，$\rho\in[0,1]$ 为分辨系数，一般取 0.5。

由灰关联系数 ξ^+ 及各指标权重 ω_i 可得各提供商与正理想解的关联度 γ_i^+：

$$\gamma_i^+=\sum_{j=1}^m\omega_j\xi_{ij}^+ \tag{5.35}$$

同理，可计算出各提供商每个指标与负理想解的灰关联系数 ξ_{ij}^- 和灰关联度 γ_i^-。

步骤三：计算各提供商与正理想解的贴近度 c_i，按照"与正理想解贴近度越大，对象越优"的原则对所有投标提供商进行排序：

$$c_j=\frac{\gamma_i^+}{\gamma_i^+ +\gamma_i^-} \tag{5.36}$$

5.4.2.3 基于 IFHG 算子和灰色关联 TOPSIS 的提供商选择决策步骤

本节以政府购买居家养老服务的评审专家对提供商在指标体系下做出原始评价信息为出发点,将定性指标下专家对提供商的语义评价信息利用 IFHG 算子集结成群直觉模糊矩阵;再结合定量指标规范化后的数值,以灰色关联改进 TOP-SIS 法对投标提供商进行排序。具体决策步骤如图 5-10 所示。

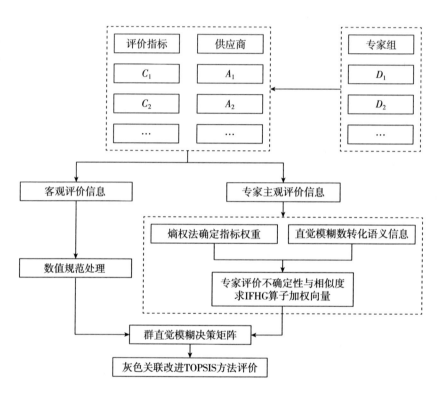

图 5-10 政府购买居家养老服务提供商选择决策步骤

步骤一:规范客观评价数据。为使指标具有可比性,需对客观评价数据进行规范化处理以消除量纲影响。令原始客观评价数据 a_{ij} 经过规范化后记为 u_{ij},有

$$u_{ij} = \begin{cases} \dfrac{\min\limits_{j} a_{ij}}{a_{ij}}, & 1 \leqslant i \leqslant n, \ m-h+1 \leqslant j \leqslant m \end{cases}$$

步骤二:运用模糊集理论,专家组对各提供商在定性目标的论域 [0,1] 上给出评定值再按照式 (5.20)~式(5.22) 确定指标权重 ω_i。

步骤三：评审专家依据投标文件对提供商作出语义评价并确定评价的犹豫度等级；根据转化标准将专家语义评价信息转化为有犹豫度差异的直觉模糊数，建立专家直觉模糊评价矩阵 V_s。

步骤四：根据式（5.24）~式（5.32）确定 IFHG 算子的加权向量。

步骤五：整合规范化的客观评价信息并按照 IFHG 算子集成群直觉模糊矩阵步骤，把每个直觉模糊决策矩阵集成为群直觉模糊决策矩阵 V。

步骤六：基于群直觉模糊决策矩阵 V，依据式（5.33）~式（5.36）得出各提供商与正理想解的贴近度，从而对所有提供商进行排序。

5.4.3 算例分析

本节以某市某区政府部门购买居家养老服务为例，经过资格性审查和符合性审查确定 3 家投标提供商（A_1，A_2，A_3），根据各提供商提供的信息得到客观评价信息，具体如表 5-10 所示。同时选取 4 名居家养老服务领域的专家（D_1、D_2、D_3、D_4）对备选提供商在定性指标下进行评价，专家根据提供商提供的信息确定评价犹豫等级，由此得到原始评价信息，具体如表 5-11 所示。

表 5-10 提供商的客观评价值

	A_1	A_2	A_3
C_9/万元	110	122	133

表 5-11 专家组对各提供商的主观语义评价

		C_1	C_2	C_3	C_4	C_5	C_6	C_7	C_8	C_{10}	C_{11}
	A_1	F^2	F^3	F^2	MG^2	F^3	MG^2	F^3	MG^2	MG^2	MG^1
D_1	A_2	G^2	MG^1	MG^2	G^3	MG^1	MG^2	MG^2	G^3	G^2	MG^1
	A_3	MG^3	F^2	F^3	MG^1	MG^1	G^3	MG^2	G^3	MG^1	F^2
	A_1	MG^2	F^2	MG^1	MG^1	F^3	F^2	MG^2	MG^2	F^2	F^2
D_2	A_2	G^1	MG^1	F^2	MG^2	G^2	G^3	MG^2	MG^1	MG^1	MG^1
	A_3	F^2	F^3	MG^2	F^1	MG^1	MG^1	MG^1	G^3	MG^2	F^3

续表

		C_1	C_2	C_3	C_4	C_5	C_6	C_7	C_8	C_{10}	C_{11}
D_3	A_1	F^3	MG^1	MG^2	F^3	MG^2	MG^2	G^3	MG^1	G^2	F^2
	A_2	F^2	G^2	G^3	MG^1	F^2	G^3	MG^2	G^2	MG^1	MG^1
	A_3	F^1	F^2	F^1	MG^2	MG^1	MG^2	MG^2	F^2	MG^1	F^3
D_4	A_1	MG^2	G^2	F^1	G^3	G^3	F^2	F^2	MG^2	F^3	MG^2
	A_2	F^1	MG^1	MG^3	MG^1	MG^3	MG^1	MG^2	G^1	G^3	MG^3
	A_3	F^2	MG^1	F^2	MG^2	F^1	F^1	MG^1	MG^3	F^1	F^2

注：1、2、3分别表示犹豫度"很小""小""一般"。

利用本书提出的决策方法对上述提供商进行排序，具体步骤如下：

步骤一：对表3中的客观数据进行处理，得到规范化后的客观评价矩阵。

步骤二：根据表2将语义评价信息转化为有犹豫度差异的直觉模糊数，得到专家 D_s 的直觉模糊评价矩阵 V_s（$s=1$，2，3，4）：

$$V_1 = \begin{matrix} & A_1 & A_2 & A_3 \\ C_1 \\ C_2 \\ C_3 \\ C_4 \\ C_5 \\ C_6 \\ C_7 \\ C_8 \\ C_{10} \\ C_{11} \end{matrix} \begin{bmatrix} (0.4,\ 0.4) & (0.7,\ 0.1) & (0.55,\ 0.15) \\ (0.35,\ 0.35) & (0.65,\ 0.25) & (0.4,\ 0.4) \\ (0.4,\ 0.4) & (0.6,\ 0.2) & (0.35,\ 0.35) \\ (0.6,\ 0.2) & (0.6,\ 0.1) & (0.65,\ 0.25) \\ (0.35,\ 0.35) & (0.65,\ 0.25) & (0.65,\ 0.25) \\ (0.6,\ 0.2) & (0.6,\ 0.2) & (0.6,\ 0.1) \\ (0.35,\ 0.35) & (0.6,\ 0.2) & (0.6,\ 0.2) \\ (0.6,\ 0.2) & (0.6,\ 0.1) & (0.6,\ 0.1) \\ (0.6,\ 0.2) & (0.7,\ 0.1) & (0.65,\ 0.25) \\ (0.65,\ 0.25) & (0.65,\ 0.25) & (0.4,\ 0.4) \end{bmatrix},\ V_{2-4}=\cdots$$

步骤三：确定指标权重。运用模糊集理论，得到投标提供商在各指标下的原始值即决策矩阵 Y：

$$Y = (y_{ij})_{m \times n} = \begin{array}{c} \\ C_1 \\ C_2 \\ C_3 \\ C_4 \\ C_5 \\ C_6 \\ C_7 \\ C_8 \\ C_9 \\ C_{10} \\ C_{11} \end{array}\begin{array}{ccc} A_1 & A_2 & A_3 \\ \left[\begin{array}{ccc} 0.75 & 0.95 & 0.95 \\ 0.95 & 0.75 & 0.75 \\ 0.55 & 0.95 & 0.95 \\ 0.75 & 0.95 & 0.75 \\ 0.75 & 0.75 & 0.55 \\ 0.35 & 0.75 & 0.75 \\ 0.35 & 0.75 & 0.55 \\ 0.75 & 0.75 & 0.95 \\ 0.75 & 0.95 & 0.75 \\ 0.95 & 0.75 & 0.75 \\ 0.75 & 0.75 & 0.95 \end{array}\right] \end{array}$$

由改进熵权法式（5.20）~式（5.22）求得指标客观权重 ω = （0.0348，0.0383，0.1659，0.0383，0.0553，0.2771，0.2371，0.0383，0.0383，0.0383，0.0383）。

步骤四：由式（5.24）~式（5.25）求考虑专家评价不确定性的 IFHG 算子的加权向量为 w^1 = （0.2307，0.2595，0.2549，0.2549）。利用式（5.26）~式（5.28）将各专家的评价矩阵 V_s 转化为评价向量 $\tilde{V}$，得到专家群的直觉模糊评价矩阵 $\tilde{V}$：

$$\tilde{V} = \begin{array}{c} \\ D_1 \\ D_2 \\ D_3 \\ D_4 \end{array}\begin{array}{ccc} \quad A_1 \qquad & \quad A_2 \qquad & \quad A_3 \qquad \\ \left[\begin{array}{ccc} (0.49,0.28) & (0.62,0.18) & (0.56,0.19) \\ (0.53,0.29) & (0.60,0.15) & (0.62,0.23) \\ (0.59,0.18) & (0.60,0.15) & (0.56,0.26) \\ (0.47,0.31) & (0.61,0.20) & (0.52,0.34) \end{array}\right] \end{array}$$

再由式（5.29）~式（5.31）求考虑专家相似度的 IFHG 算子的加权向量为 w^2 = （0.2505，0.2519，0.2496，0.248）。最后由式（5.32）得到 IFHG 算子的加权向量为 w = （0.2406，0.2557，0.2523，0.2514）。

步骤五：整合规范化的客观评价信息并按 IFHG 算子集成群直觉模糊矩阵步

骤，把每个直觉模糊决策矩阵集成群直觉模糊决策矩阵 V：

$$
V = \begin{array}{c} \\ C_1 \\ C_2 \\ C_3 \\ C_4 \\ C_5 \\ C_6 \\ C_7 \\ C_8 \\ C_9 \\ C_{10} \\ C_{11} \end{array}
\begin{array}{ccc}
A_1 & A_2 & A_3 \\
(0.901,\ 0.047) & (0.923,\ 0.061) & (0.893,\ 0.061) \\
(0.899,\ 0.05) & (0.939,\ 0.037) & (0.88,\ 0.065) \\
(0.643,\ 0.236) & (0.656,\ 0.154) & (0.579,\ 0.255) \\
(0.908,\ 0.039) & (0.93,\ 0.034) & (0.937,\ 0.032) \\
(0.841,\ 0.064) & (0.88,\ 0.057) & (0.89,\ 0.078) \\
(0.452,\ 0.335) & (0.58,\ 0.181) & (0.535,\ 0.287) \\
(0.491,\ 0.261) & (0.616,\ 0.168) & (0.639,\ 0.215) \\
(0.927,\ 0.036) & (0.94,\ 0.02) & (0.907,\ 0.033) \\
1 & 0.9 & 0.83 \\
(0.896,\ 0.047) & (0.935,\ 0.03) & (0.92,\ 0.052) \\
(0.898,\ 0.057) & (0.93,\ 0.038) & (0.86,\ 0.07)
\end{array}
$$

步骤六：基于群直觉模糊决策矩阵 V，依据式（5.33）确定正负理想解：

$$
A^+ = \begin{bmatrix}
(0.923,\ 0.061) \\
(0.939,\ 0.037) \\
(0.656,\ 0.154) \\
(0.937,\ 0.032) \\
(0.89,\ 0.078) \\
(0.58,\ 0.181) \\
(0.639,\ 0.215) \\
(0.94,\ 0.02) \\
1 \\
(0.935,\ 0.03) \\
(0.93,\ 0.038)
\end{bmatrix}
\qquad
A^- = \begin{bmatrix}
(0.893,\ 0.061) \\
(0.88,\ 0.065) \\
(0.579,\ 0.255) \\
(0.908,\ 0.039) \\
(0.841,\ 0.064) \\
(0.452,\ 0.335) \\
(0.491,\ 0.261) \\
(0.907,\ 0.033) \\
0.83 \\
(0.896,\ 0.047) \\
(0.86,\ 0.07)
\end{bmatrix}
$$

依据式（5.34）~式（5.36）得出各提供商评价矩阵与正理想解的贴近度 c_i，取 $\rho = 0.5$，有 $c_i = (0.3572,\ 0.6274,\ 0.4897)$。根据"与正理想解贴近度越大，对象越优"的原则，得到各投标提供商的排序为：$A_2 > A_3 > A_1$。

5.5 小结

本章进行的是政府购买公共服务的质量管控研究。首先，利用 QFD 模型对政府购买公共服务资源配置进行研究，实现顾客满意度最大化；其次，基于 GERT 网络对政府购买公共服务下的关键环境进行探测；最后，基于 IFHG 算子和灰色关联 TOPSIS 进行政府购买公共服务中的提供商选择决策模型。本章旨在通过资源分配、关键环节探测与服务提供商选择为实现政府购买公共服务质量管控的目的提供决策依据。

本章的研究告诉我们：①合理配置有限资源、提高公众满意度是政府购买公共服务的当务之急。为了充分利用政府资金，提高客户满意度，本书提出了基于 QFD 的养老服务资源配置模型，对政府购买养老服务的发展具有一定的现实意义。结果表明，家庭护理服务人员应更加注重提高服务态度和服务质量。同时，还应配置更多资源，提高养老服务中心专业化程度，增加专业医务人员配备，购买突发事件常用药品和康复设施。本书通过引入一种更有效的资源配置方法，有助于帮助政府进行科学决策。②监督评估、构建监督评估体系和甄选承包商是政府购买居家养老服务过程的关键环节。针对研究结果提出实施建议：健全监督评估机制，加强政府、社会组织、公众等对养老服务的多方监督；规范承包商准入机制，积极引入市场机制增加竞争，推崇采购程序规范，操作透明的竞争性招标。③综合考虑决策者由于个人认知所带来的不确定性和决策者作出评价的相似性等因素，采用灰色关联改进 TOPSIS 方法，优化提供商选择的方法。在对政府购买公共服务质量管控决策提出建议之后，建立健全相应的质量管控体系将有效提高公共服务质量，促进社会公共事业发展，这一点将在下一章作详细介绍。

6 政府购买公共服务质量管控体系构建

6.1 导论

目前，政府购买公共服务领域尚未形成完善的质量管控体系，信息的私有化、不流通性导致单一主体参与下的质量管控机制在管控效率上不理想。为应对质量管控相关法律土壤贫瘠、社会支持欠缺、社会组织自身的服务质量监管体系缺失等问题，急需构建政府主导、公众参与、第三方监督机构评价的政府购买公共服务质量管控体系，通过各主体协同监管机制对政府购买公共服务质量进行监督。

上一章基于 GERT 网络，发现服务承接主体是影响质量管控的关键环节，因此，如何诱导服务承接主体努力提高服务水平是政府购买公共服务质量管控的首要工作。为缓解信息不对称的不利局面，为政府在向社会组织购买服务时，设计考虑服务能力与努力水平均为私有信息，且服务能力为连续形式情景下的激励机制（最优激励合同），以达到甄别其服务能力、激励其提升水平的目的。但激励机制的有效性是建立在政府与社会组织不存在合谋关系的前提下的，假设政设合谋、发生寻租，激励机制实际上是其暗箱操作的工具，所以设计多主体参与的政府购买公共服务各环节的质量管控机制必不可少。以学前教育为例，本书明确与界定不同级别政府的管控作用，构建"幼儿园—地方政府部门—上级政府"三者之间的博弈模型，从主体间博弈关系和协作机制问题探讨影响学前教育服务质量管控的关键因素以及因素变化对管控效果的影响；以居家养老为例，基于复杂网络博弈，以利益主体为节点，博弈关系为边，构建政府购买居家养老服务质量管控网络博弈模型，考虑复杂系统中的拓扑结构特性和质量关键因素对于质量管控演化效果的影响。最终，基于以上研究成果，给出搭建政府购买居家养老服务质量管控体系的框架和对策建议。

6.2 政府购买公共服务质量激励机制设计

在政府购买公共服务的过程中，政府面临着社会组织的双重私有信息。一方面，在政府与社会组织签订合约前，由于政府无法观测到社会组织的服务能力而会出现逆向选择问题；另一方面，在政府与社会组织签订合约后，政府由于无法了解社会组织的努力水平从而会产生道德风险。双重非对称信息引发的逆向选择、道德风险将影响政府购买公共服务质量水平的提升，因此，设计有效的激励机制来甄别社会组织的服务能力并激励其努力工作成为政府购买公共服务质量管控的重要举措之一。

笔者通过检索、阅读大量文献发现，各领域对激励机制都有所研究。Holmstrom 和 Milgrom（1987）对团队中的"搭便车"行为进行了研究，其在所设计的激励机制模型的基础上，提出了解决"免费搭车"问题的激励模型，从而有效约束了在团队中"搭便车"的行为。徐忠和邹传伟（2010）对银行内部贷款审批权分配进行了激励机制设计，在硬信息和软信息框架下，基于委托代理模型进行了激励机制设计。桂小琴等（2011）针对地下综合管廊建设的融资问题进行了激励研究，利用囚徒困境模型、委托代理轮对资金分摊问题进行了激励机制设计，对城市化进行、市政建立具有一定的借鉴意义。在激励机制设计中，对供应链的研究较为密集。姬晓辉等（2018）针对废旧电子产品市场中由回收商与再制造商构成的逆向供应链，构建了激励机制模型，对回收商的回收能力实施了激励，提高回收努力程度。伍云山和张正祥（2006）运用信息经济学相关内容，建立了激励模型，研究了制造商对其零售商参与逆向供应链实施的最优激励问题，通过对模型的分析，为逆向供应链中激励机制设计提供了理论指导。姚冠新（2018）基于客户企业角度研究了双重信息不对称情形下生鲜农产品物流外包的保鲜激励问题，运用委托代理理论建立了以线性分成契约为基础，物流服务商保鲜能力为连续类型的激励模型。曹裕等（2018）基于消费者效用理论研究了由供应商和单一零售商组成的供应链系统，构建了单周期下生鲜农产品生鲜度激励模型，该模型以供应商为领导者，利用 Stackelberg 博弈方法求解得到了均衡条件下供应商、零售商的最优定价策略及供应商新鲜度选择。洪江涛和陈俊芳（2014）分析了各供应商联合进行质量管理的激励机制设计问题，指出在采购商承担供应商和联合质量工程师相互帮助的成本后，通过设计使他们其中一方的奖金与另一方的业绩正相关的激励制度，可以促使供应商和联合质量工程师相互帮助，从而实现联合质量管理的目的。尽管政府购买学前教育服务与供应链管理具有截然不同的特征，然而二者之间依然存在着较多共性。产品供应链激励机制设计中一些研究理论、方法与成果可以有选择地运用到政府购买公共服务激励机制设计中。

因此，本书以学前教育为例，以幼儿园的服务能力以及努力水平是私有信息为基础，在其服务业绩（接收幼儿数量）能被观测到的情形下，利用委托代理理论中信息不对称情况下的最优激励合同模型设计质量激励机制，得出最优激励机制参数，为政府实现有效甄别幼儿园服务能力与激励其提高努力水平提供有益借鉴。本书以递进研究的方式，由幼儿园努力水平为私有信息情景下的激励机制研究，至幼儿园努力水平与服务能力均为私有信息，且服务能力为连续形式情景下激励机制研究，最终结果表明，双重非对称信息情景下的激励机制研究不仅可以在政府与幼儿园签约之前，使幼儿园对自身服务能力进行甄别，还可以在政府与幼儿园双方签约之后，诱导幼儿园提升努力水平。

6.2.1　基本假设与参数说明

6.2.1.1　基本假设

（1）政府与其购买的幼儿园具备独立决策权并且追求自身利益最大化。假设政府为风险中性，幼儿园为风险规避。

（2）政府在选择承担学前教育服务的幼儿园时具有双重非对称信息：一方面，签订合同前对幼儿园的服务能力不了解；另一方面，签订合同之后，政府对幼儿园的努力程度无法观测到。幼儿园的努力水平 $e(k)$ 是关于其服务能力 $k \in [\underline{k}, \overline{k}]$ 的函数，$f(>0)$、F 分别为 k 的密度函数与分布函数。

（3）幼儿园的服务业绩，即服务公众数量是关于其服务能力与努力水平的函数。在一个运作周期内，$q(e(k), k) = ke(k) + \theta$，其中 θ 为市场因素对幼儿园服务业绩的影响，其分布服从 $N(0, \sigma^2)$。

（4）政府在选择合适的幼儿园时面临着双重非对称信息——努力水平以及服务能力。然而政府可以观测到幼儿园的服务业绩，并为其设计线性合约：$\psi(k) = \alpha(k) + \tau \beta(k) q(e(k), k)$，其中，$\alpha(k)$ 为政府对幼儿园的固定补助，$\beta(k)$ 为激励系数，即为幼儿园的服务业绩提成比例，$\tau(>0)$ 为幼儿园从单位公众中获取的平均收益。

（5）幼儿园的努力成本 $C(e(k), k)$ 为其努力水平以及服务能力的函数，记幼儿园的努力成本为 $C(e(k), k) = \dfrac{ce^2(k)}{2k}$，其中 $c(>0)$ 为幼儿园努力成本系数。

6.2.1.2 参数说明

书中其他参数说明如下：

$\prod_G$：政府的期望收益；

$\prod_S$：幼儿园的期望收益；

$\prod_G^0$：政府期望收益阈值，若幼儿园给政府带来的收益小于该值，则政府将拒绝选择与该幼儿园签约；

$\prod_S^0$：幼儿园的保留收益，若低于该值，则幼儿园不会与政府签约；

ρ：幼儿园的风险规避度，其值越大说明幼儿园的风险规避程度越强。

6.2.1.3 政府与幼儿园的期望收益函数

风险中性的政府期望函数为：

$$\prod_G = \int_{\underline{k}}^{\overline{k}} \{[1 - \beta(k)]\tau ke(k) - \alpha(k)\} f(k)dk \tag{6.1}$$

风险规避的幼儿园期望函数为：

$$\prod_S = \alpha(k) + \beta(k)\,\tau ke(k) - \frac{ce^2(k)}{2k} - \frac{\rho\left[\tau\beta(k)\right]^2\sigma^2}{2} \tag{6.2}$$

其中，$\dfrac{\rho\left[\tau\beta\ (k)\right]^2\sigma^2}{2}$ 为市场不确定因素为其带来的风险成本。

6.2.2　单一非对称信息下的激励机制

根据非对称信息发生的时间分类，当非对称性发生于当事人签约之前（幼儿园服务能力为私有信息），则博弈模型称为逆向选择模型；当非对称性发生在当事人签约之后（幼儿园努力水平为私有信息），博弈模型称为道德风险模型。

激励机制即最优激励合同，是委托方（政府）在与代理方（幼儿园）签订合约前事先提供给代理方的约定。在本书政府购买普惠性学前教育服务中，通过构建激励模型，得出激励机制，即 $\alpha(k)$ 与 $\beta(k)$。政府通过在决定与幼儿园签订合约之前，事先提供政府对幼儿园的固定补助资金额与幼儿园的服务业绩提成比例，从而达到使幼儿园提升自己服务能力与努力水平的目的。

Holmstrom 和 Milgrom（1987）的研究是道德风险（努力程度难以观测）下激励机制设计的经典范例。一般情况下，幼儿园的努力程度为私人信息，政府难以对其进行检测。因此，设计有效激励机制促使幼儿园提高其努力水平成为政府购买公共服务政策得以落地的保障之一。单一非对称信息下的激励机制将学前教育代理方——购买下的幼儿园视为同质的并通过单一类型的合约对其进行激励。

模型如下：

$$\max_{\alpha,\beta} \prod_G = (1-\beta)\,\tau ke - \alpha \tag{6.3}$$

$$\text{s. t. } \max_e \prod_S = \alpha + \beta\tau ke - \frac{ce^2}{2k} - \frac{\rho(\beta\tau\sigma)^2}{2} \tag{IC}$$

$$\alpha + \beta\tau ke - \frac{ce^2}{2k} - \frac{\rho(\beta\tau\sigma)^2}{2} \geqslant \prod_S^0 \tag{IR}$$

其中，约束条件（IC）为激励相容约束，表示幼儿园会选择对自己最为有利的努力水平；约束条件（IR）为幼儿园的理性约束，表明幼儿园的期望收益应大于幼儿园的保留收益，否则将不会与政府签订合约。求解模型（6.3），得出以下命题：

命题 1：单一非对称信息下最优激励机制满足：

$$\alpha^* = \prod_S^0 - \frac{(\tau\beta^*)^2(k^3 - c\rho\sigma^2)}{2c} \tag{6.4}$$

$$\beta^* = \frac{k^3}{k^3 + c\rho\sigma^2} \tag{6.5}$$

幼儿园的最优努力水平为：

$$e^* = \frac{\beta^* \tau k^2}{c} \tag{6.6}$$

幼儿园和政府的期望收益分别为：

$$\prod_S^* = \prod_S^0 \tag{6.7}$$

$$\prod_G^* = \frac{\tau^2 k^6}{2c(k^3 + c\rho\sigma^2)} - \prod_S^0 \tag{6.8}$$

命题 1 是 Holmstrom 和 Milgrom（1987）的经典发现，根据式（6.6）幼儿园的最优努力水平发现，可以通过调整激励系数对幼儿园的努力水平进行激励。该命题仅考虑在道德风险下激励机制的设计，忽视了逆向选择问题，且将幼儿园的服务能力不加以区分，因此具有一定的局限性。

6.2.3 双重非对称信息下的激励机制

从目前研究现状来看，现有文献多基于"道德风险"为唯一非对称信息的假设之下，并假定幼儿园的服务能力为相同的，且作为共有信息为双方所共享。而在政府购买学前教育服务实际过程中，政府面临着双重非对称信息。本章将基于双重非对称信息，分别针对幼儿园服务能力为离散与连续类型进行研究。

6.2.3.1 服务能力为离散形式

在本节研究过程中，将研究假设规定为"幼儿园的努力程度与能力水平均为非对称信息"。将幼儿园的服务能力区为高能力与低能力，分别设为 k_H、k_L，且高服务能力幼儿园与低服务能力幼儿园的比例分别为 q 与 $1 - q$。政府通过设计合约（α_H, β_H）、（α_L, β_L），使具有高服务能力的幼儿园自觉选择符合自己的合约（α_H, β_H），低服务能力的幼儿园自觉选择（α_L, β_L），以实现政府甄别幼儿园服务能力以及激励幼儿园提高努力水平的双重目标。模型如下：

$$\max_{\alpha_H, \beta_H, \alpha_L, \beta_H} \prod{}_G = q\big[(1 - \beta_H) \tau k_H e_H - \alpha_H\big] + (1 - q)\big[(1 - \beta_L) \tau k_L e_L - \alpha_L\big]$$

$$(6.9)$$

$$\text{s. t. } \max \prod{}_{LL} = \alpha_L + \beta_L \tau k_L e_L - \frac{ce_L^2}{2k_L} - \frac{\rho (\beta_L \tau \sigma)^2}{2} \geqslant \max \prod{}_{LH} = \alpha_H + \beta_H \tau k_L e_H$$

$$- \frac{ce_H^2}{2k_L} - \frac{\rho (\beta_H \tau \sigma)^2}{2}$$

$$(6.10)$$

$$\max \prod{}_{HH} = \alpha_H + \beta_H \tau k_H e_H - \frac{ce_H^2}{2k_H} - \frac{\rho (\beta_H \tau \sigma)^2}{2} \geqslant \max \prod{}_{HL} = \alpha_L + \beta_L \tau k_H e_L -$$

$$\frac{ce_L^2}{2k_H} - \frac{\rho (\beta_L \tau \sigma)^2}{2}$$

$$(6.11)$$

$$\prod{}_{HH} \geqslant \prod{}_S^0$$

$$(6.12)$$

$$\prod{}_{LL} \geqslant \prod{}_S^0$$

$$(6.13)$$

其中，$\prod_{ij}$ 表示在双重非对称信息下，服务能力为 i 的幼儿园谎称自身服务能力为 j 时获得的收益。约束条件式（6.10）表示低能力的幼儿园诚实汇报自己能力水平所获得收益将不劣于谎称自身为高能力时所获得的收益。约束条件式（6.11）同理。约束条件式（6.12）、约束条件式（6.13）为幼儿园的参与约束，即期望收益不劣于其保留收益水平 $\prod_S^0$。求解模型（6.9），得出以下命题：

命题 2：双重非对称信息下最优激励机制（服务能力为离散型）满足：

$$\alpha_L^{**} = \prod{}_S^0 - \frac{\beta_L^2 k_L^2 \tau^2}{2c} + \frac{\rho (\beta_L \tau \sigma)^2}{2}$$

$$(6.14)$$

$$\alpha_H^{**} = \prod{}_S^0 + \frac{\beta_L^2 k_L^2 \tau^2 (2k_H^2 - k_L^2 - k_H)}{2ck_H} - \beta_H \tau k_H e_H + \frac{ce_H^2}{2k_H} + \frac{\rho (\beta_H \tau \sigma)^2}{2}$$

$$(6.15)$$

$$\beta_L^{**} = \frac{(q - 1) k_L^3 \tau^2 k_H}{q k_L^2 \tau^2 (k_L^2 - 2k_H^2) - (2q - 1) k_L^3 \tau^2 k_H - c k_H \rho \tau^2 \sigma^2}$$

$$(6.16)$$

$$\beta_H^{**} = q$$

$$(6.17)$$

高能力与低能力幼儿园的最优努力水平：

$$e_H^{**} = \frac{\beta_H^{**} k_H^2 \tau}{c}$$

$$(6.18)$$

$$e_L^{**} = \frac{\beta_L^{**} k_L^2 \tau}{c} \qquad\qquad (6.19)$$

高能力与低能力幼儿园的期望收益：

$$\prod_{HH}^{**} = \prod_S^0 + \frac{\beta_L^2 k_L^2 \tau^2 (2k_H^2 - k_L^2 - k_H)}{2ck_H} \qquad\qquad (6.20)$$

$$\prod_{LL}^{**} = \prod_S^0 \qquad\qquad (6.21)$$

证明：

（1）对式（6.18）以及式（6.19）的证明：

根据约束条件式（6.10）、约束条件式（6.11），由 $\dfrac{d\prod_{LL}}{de_L} = 0$, $\dfrac{d\prod_{HH}}{de_H} =$

0 ，可得式（6.18）、式（6.19）。

（2）对式（6.20）以及式（6.21）的证明：

将 e_H^{**} 以及 e_L^{**} 代入模型（6.9）中，模型可简化为：

$$\max_{\alpha_H,\beta_H,\alpha_L,\beta_L} \prod_G = q\left[(1-\beta_H)\frac{\beta_H k_H^3 \tau^2}{c} - \alpha_H\right] + (1-q)\left[(1-\beta_L)\frac{\beta_L k_L^3 \tau^2}{c} - \alpha_L\right]$$

$$(6.22)$$

$$\prod_{LL} = \alpha_L + \frac{\beta_L^2 k_L^3 \tau^2}{2c} - \frac{\rho(\beta_L \tau \sigma)^2}{2} \geqslant \prod_{LH} = \alpha_H + \frac{\beta_H^2 \tau^2 k_H^2(2k_L^2 - k_H^2)}{2ck_L} -$$

$$\frac{\rho(\beta_H \tau \sigma)^2}{2} \qquad\qquad (6.23)$$

$$\prod_{HH} = \alpha_H + \frac{\beta_H^2 k_H^3 \tau^2}{2c} - \frac{\rho(\beta_H \tau \sigma)^2}{2} \geqslant \prod_{HL} = \alpha_L + \frac{(\beta_L k_L \tau)^2(2k_H^2 - k_L^2)}{2ck_H} -$$

$$\frac{\rho(\beta_H \tau \sigma)^2}{2} \qquad\qquad (6.24)$$

$$\prod_{HH} \geqslant \prod_S^0 \qquad\qquad (6.25)$$

$$\prod_{LL} \geqslant \prod_S^0 \qquad\qquad (6.26)$$

记 λ，μ，γ 分别为式（6.23）、式（6.24）以及式（6.26）的拉格朗日乘子，因此有以下 Kuhn‑Tucker 最优性条件：

$$\begin{pmatrix} \partial L/\partial \alpha_H \\ \partial L/\partial \beta_H \\ \partial L/\partial \alpha_L \\ \partial L/\partial \beta_L \end{pmatrix} = \begin{pmatrix} -q \\ \dfrac{qk_H^3\tau^2}{c} - \dfrac{2qk_H^3\tau^2\beta_H}{c} \\ -(1-q) \\ \dfrac{\left[(1-q)k_L^3\tau^2\right](1-2\beta_L)}{c} \end{pmatrix} + \lambda \begin{pmatrix} -1 \\ \dfrac{\tau^2 k_H^2\beta_H(k_H^2-2k_L^2)}{ck_L} \\ 1 \\ \dfrac{k_L^3\tau^2\beta_L}{c} \end{pmatrix} +$$

$$\mu \begin{pmatrix} 1 \\ \dfrac{k_H^3\tau^2\beta_H}{c} \\ -1 \\ -\dfrac{k_L^2\tau^2\beta_L(2k_H^2-k_L^2)}{ck_H} \end{pmatrix} + \gamma \begin{pmatrix} 0 \\ 0 \\ 1 \\ \dfrac{\beta_Lk_L^3\tau^2}{c} - \rho\tau^2\sigma^2\beta_L \end{pmatrix}$$

由 $\dfrac{\partial L}{\partial \alpha_H}=0$，有 $-q-\lambda+\mu=0$，$\mu=q+\lambda>0$；

由 $\dfrac{\partial L}{\partial \alpha_L}=0$，有 $-1+q+\lambda-\mu+\gamma=0$，$\gamma=1>0$；

且根据反证法可知，$\lambda=0$。

由 $\gamma>0$，可知式（6.26）等号成立，因此得出式（6.21）；

由 $\mu>0$，可知式（6.24）等号成立，并结合式（6.21），可得式（6.20）。

（3）对式（6.14）至式（6.17）的证明：

由 $\dfrac{\partial L}{\partial \beta_H}=0$，可得式（6.17），由 $\dfrac{\partial L}{\partial \beta_L}=0$，可得式（6.16）；

由式（6.20）以及 $\prod_{HH}=\alpha_H+\beta_H\tau k_He_H-\dfrac{ce_H^2}{2k_H}-\dfrac{\rho(\beta_H\tau\sigma)^2}{2}$，可得式（6.15）；

由式（6.21）以及 $\prod_{LL}=\alpha_H+\dfrac{(\beta_Lk_L\tau)^2}{2c}-\dfrac{\rho(\beta_L\tau\sigma)^2}{2}$，可得式（6.14）。

在本节双重非对称信息情况下，将幼儿园服务能力区分为高服务能力与低服务能力，研究其激励机制。将政府收益最大化作为目标函数，约束幼儿园诚实汇报自身实际服务能力，且约束其收益不劣于幼儿园的保留收益。求解该模型，得出最优激励合同，包括幼儿园服务业绩提成比例、政府对幼儿园的固定支付。

6.2.3.2 服务能力为连续形式

上一节同时考虑了道德风险与逆向选择双重非对称因素下政府购买公共服务激励机制的设计问题，但是将幼儿园的服务能力假设为离散形式，这与现实情况不符，因此，本节将假设条件放宽至幼儿园的服务能力为连续形式并进行研究。

由命题1得出的幼儿园最优努力水平 $e^* = \dfrac{\beta^* \tau k^2}{c}$ 代入式（6.2），则幼儿园的期望收益等价于 $\prod_s = \alpha(k) + \dfrac{[\tau\beta(k)]^2(k^3 - c\rho\sigma^2)}{2c}$。在双重非对称信息类型下，政府提供一揽子激励机制供幼儿园选择，因此，为了幼儿园能够显示真实的服务能力，政府提供的激励机制应满足以下条件：幼儿园选择不符合自身服务能力的激励机制所获得期望收益将不大于选择符合自身服务能力的激励机制所获得的期望收益，即对于 $\forall \ [k_1, k_2] \subset [\underline{k}, \overline{k}], (k_1 \neq k_2)$ 时，有：

$$\partial(k_i) + \frac{[\tau\beta(k_i)]^2(k_i^3 - c\rho\sigma^2)}{2c} \geqslant \alpha(k_j) + \frac{[\tau\beta(k_j)]^2(k_i^3 - c\rho\sigma^2)}{2c}, \quad (i = 1, 2;$$

$$j = 3 - i) \tag{6.27}$$

因此，$\dfrac{\partial\beta(k)}{\partial k} \geqslant 0$，再对其求 k_i 关于 k_j 的反应函数并运用显示原理，得：

$$\frac{\partial\alpha(k)}{\partial k} + \frac{\beta(k)\tau^2(k^3 - c\rho\sigma^2)}{c} \cdot \frac{\partial\beta(k)}{\partial k} = 0 \tag{6.28}$$

式（6.28）与幼儿园的期望收益 $\prod_s$ 相结合，得激励相容约束 $\dfrac{\partial\prod_s}{\partial k} = \dfrac{3[\beta(k)\tau k]^2}{2c}$。

综上所述，模型如下：

$$\max_{\alpha(k), \beta(k)} \prod_G = \int_{\underline{k}}^{\overline{k}} \{[1 - \beta(k)]\tau k e(k) - \alpha(k)\} f(k) dk \tag{6.29}$$

$$\text{s. t.} \ e(k) = \frac{\beta(k)\tau k^2}{c} \tag{6.30}$$

$$\frac{\partial\beta(k)}{\partial k} \geqslant 0 \tag{6.31}$$

$$\frac{\partial\prod_s}{\partial k} = \frac{3[\beta(k)\tau k]^2}{2c} \tag{6.32}$$

$$\alpha(k) + \beta(k)\tau ke(k) - \frac{ce^2(k)}{2k} - \frac{\rho\beta^2(k)\tau^2\sigma^2}{2} \geq \prod_S^0 \tag{6.33}$$

$$\int_{\underline{k}}^{\bar{k}} \{[1 - \beta(k)]\tau ke(k) - \alpha(k)\} f(k)dk \geq \prod_G^0, k, \in [\underline{k}, \bar{k}] \tag{6.34}$$

其中，约束条件式（6.30）为幼儿园在道德风险下（努力水平无法观测）的激励相容约束；约束条件式（6.31）、约束条件式（6.32）为幼儿园在逆向选择下（服务能力无法观测）的激励相容约束；约束条件式（6.33）为幼儿园的参与约束；约束条件式（6.34）为政府期望收益的最低要求约束。求解上述模型，得到以下命题：

命题3：双重非对称信息下最优激励机制（服务能力为连续型）满足：

$$\alpha^{***}(k) = \prod_S^0 - \frac{[\tau\beta^{***}(k)]^2(k^3 - c\rho\sigma^2)}{2c} + \int_{\underline{k}}^{k} \frac{[3\beta^{***}(t)\tau t]^2}{2c}dt \tag{6.35}$$

$$\beta^{***}(k) = \frac{k^3}{k^3 + c\rho\sigma^2 + \dfrac{3[1 - F(k)]k^2}{f(k)}} \tag{6.36}$$

幼儿园的最优努力水平为：

$$e^{***}(k) = \frac{\beta^{***}(k)\tau k^2}{c} \tag{6.37}$$

幼儿园的期望收益为：

$$\prod_S^{***}(k) = \prod_S^0 + \int_{\underline{k}}^{k} \frac{3[\beta^{***}(t)\tau t]^2}{2c}dt \tag{6.38}$$

证明：

根据约束条件式（6.32）可知 $\prod_S(k)$ 是 k 的非递减函数，且由约束条件 $\alpha + \beta\tau ke - \frac{ce^2}{2k} - \frac{\rho(\beta\tau\sigma)^2}{2} \geq \prod_S^0$ 易得 $\prod_S(\underline{k}) \geq \prod_S^0$，对约束条件式（6.32）两边同时积分，可得式（6.38）。因为：$\int_{\underline{k}}^{\bar{k}} \int_{\underline{k}}^{k} \frac{3[\beta(t)\tau t]^2}{2c} f(k)dtdk = \int_{\underline{k}}^{\bar{k}} \frac{3[1 - F(k)][\beta(k)\tau k]^2}{2c}dk$，将该式与式（6.38）联立并结合 $\prod_S = \alpha(k) + \frac{[\tau\beta(k)]^2(k^3 - c\rho\sigma^2)}{2c}$ 与约束条件式（6.30），则目标函数转化为：

$$\max_{\alpha(k),\beta(k)} \prod_G = \int_{\underline{k}}^{\bar{k}} \{\frac{\tau^2 k^3 \beta(k)}{c} - \frac{\beta^2(k)\tau^2(k^3 + c\rho\sigma^2)}{2c} - \frac{3[1 - F(k)][\beta(k)\tau k]^2}{2cf(k)} -$$

$$\prod{}_{s}^{0} \} f(k)\,\mathrm{d}k \tag{6.39}$$

可知 $\dfrac{\partial^2 \prod_{c}}{\partial \beta^2(k)}$，根据一阶最优条件，最大化式（6.39）有式（6.36）成立。

当 $k = \underline{k}$ 时，由式（6.38）可得 $\prod_{s}(\underline{k}) = \prod{}_{s}^{0}$，由约束条件 $\alpha + \beta\,\tau\,ke - \dfrac{ce^2}{2k} - \dfrac{\rho(\beta\tau\sigma)^2}{2} \geq \prod{}_{s}^{0}$ 得 $\alpha(\underline{k}) = \prod{}_{s}^{0} - \dfrac{[\tau\beta(\underline{k})]^2 [\underline{k}^3 - c\rho\sigma^2]}{2c}$，对式（6.28）两边同时积分并联立该式，整理可得式（6.35）。将式（6.36）代入式（6.30）可得式（6.37）。

本书以单一非对称信息下政府购买公共服务质量激励机制为基础，对所构建的激励机制模型进行优化，设计在双重非对称信息下，且幼儿园服务能力为连续类型时的激励机制。经过推导、证明，得出在全面考虑政府所面临的逆向选择与道德风险问题下的最优激励机制（政府固定支付、激励系数）、幼儿园的最优努力水平以及期望收益。所得激励机制一方面使幼儿园在合约签订之前能够根据自身实际服务能力选择适合自己的激励机制，另一方面也保证了在政府与幼儿园签订合约后，幼儿园不会出现道德风险问题。

6.2.3.3 双重非对称信息下的激励机制分析

本节将具体分析在双重非对称情境下，且幼儿园服务能力为连续类型时的质量激励机制，主要回答"双重非对称信息下激励机制具有什么样的特征""该激励机制效果如何"等问题。

（1）激励机制的甄别作用。在政府与幼儿园签约之前，该合约主要作用在于甄别不同服务能力的幼儿园；在双方正式签约之后，合约的作用转化为激励幼儿园提高努力程度。双重非对称信息下，激励机制设计过程中，式（6.27）已考虑到当幼儿园选择符合自身服务能力的激励机制时，其所获收益将不小于选错激励机制时所得收益。因此，幼儿园将没有理由谎报自身的实际服务能力。政府与幼儿园签约之后，政府需要激励幼儿园提高自身努力程度，否则将会导致低服务能力、高努力程度的幼儿园所获收益大于高服务能力、低努力程度的幼儿园所获收益。不同服务能力幼儿园之间的区别就在于，高服务能力的幼儿园比低服务能力的幼儿园更能承担起努力的负效用。因此，对单一非对称信息下的激励合约进行改进，要求高效率、高服务能力的幼儿园付出更大的努力水平，这样才能区分不同服务能力水平的幼儿园，即要求 β_k 为 k 的严格增函数，结合式（6.36）即有以下结论 1 成立：

结论 1：在幼儿园服务能力为连续型的条件下，双重非对称信息激励机制对不同服务能力的幼儿园起到甄别作用的条件为：$\dfrac{d}{dk}\left\{\dfrac{[1-F(k)]}{kf(k)}\right\}<0$。即当满足 $\dfrac{d}{dk}\left\{\dfrac{[1-F(k)]}{kf(k)}\right\}<0$ 时，可以真正将不同服务能力类型的导游区分开来，使最有效率、服务能力最大的幼儿园付出更大的努力水平，进而才能以更高的资金奖励对其进行补偿、激励。

（2）最优固定支付与激励系数。本书对政府购买公共服务质量激励机制中的激励参数——政府对幼儿园固定支付 $\alpha(k)$ 以及幼儿园的服务业绩提成比例（激励系数）$\beta(k)$ 分别在单一非对称信息以及双重非对称信息下进行分析：

观察最优固定支付 $\alpha^{*}(k)$ 与 $\alpha^{***}(k)$ 的数值，发现后者较于前者过于复杂，在下一节将通过数值计算说明二者之间的关系。由 $\beta^{***}(k)=$

$$\frac{k^{3}}{k^{3}+c\rho\sigma^{2}+\dfrac{3[1-F(k)]k^{2}}{f(k)}}$$可知，当 $k=\underline{k}$ 时，$\beta^{***}(\underline{k})=\dfrac{\underline{k}^{3}}{\underline{k}^{3}+c\rho\sigma^{2}+\dfrac{3\,\underline{k}^{2}}{f(\underline{k})}}$；当 $k=\overline{k}$

时，$\beta^{***}(\overline{k})=\dfrac{\overline{k}^{3}}{\overline{k}^{3}+c\rho\sigma^{2}}$。因为 $\beta^{*}(k)=\dfrac{k^{3}}{k^{3}+c\rho\sigma^{2}}=\beta^{***}(\overline{k})$，所以在幼儿园服务能力为连续型、双重非对称信息下的激励机制具有"高端不扭曲"特征，即具有最高服务能力的幼儿园，其服务业绩提成比例在单一非对称信息与双重非对称信息下保持不变。

（3）幼儿园信息租金以及激励有效性。在单一非对称信息下，幼儿园的期望效益为 $\prod_{s}^{*}=\prod_{s}^{0}$，仅包含幼儿园的保留收益；而在服务能力为连续类型的假设下，双重非对称信息中幼儿园的期望效益为 $\prod_{s}^{***}(k)=\prod_{s}^{0}+$

$\displaystyle\int_{\underline{k}}^{k}\dfrac{3\left[\beta^{***}(t)\,\tau\,t\right]^{2}}{2c}dt$，即除了最低服务能力的幼儿园之外，其他服务能力水平的幼儿园所获收益包含其保留收益以及额外的信息租金（具有信息优势的一方所获得的收益）。因此，结合结论 1 可知，高服务能力的幼儿园将不会隐藏自身服务能力，且选择真实的服务能力。由 $e^{***}(k) = \dfrac{\beta^{***}(k)\tau k^2}{c}$ 可知，高服务能力的幼儿园将选择较高的努力程度。综合分析，得出以下结论：

结论 2：基于幼儿园服务能力为连续型的假设，双重非对称信息下所设计的激励机制能提高幼儿园的努力水平。

结论 3：单一非对称信息下所设计的激励机制使各种不同服务能力类型的幼儿园仅获得保留收益；而在幼儿园服务能力为连续型、双重非对称信息下所设计的激励机制中，除具有最低服务能力的幼儿园仅获得保留收益，其他服务能力类型的幼儿园其收益包含保留收益以及信息租金。

6.2.4 数值仿真

本节根据命题 1 与命题 3，对激励机制（最优激励合同）——幼儿园服务业绩提成比例、政府对幼儿园的固定支付以及政府与幼儿园的期望收益进行具体分析。下面给出如表 6-1 所示参数并做激励合约数值仿真，具体结果如图 6-1~图 6-4 所示。

表 6-1　激励机制参数

c	ρ	τ	σ^2	k	f	F	$\prod_s^0$
0.6	1.5	1	4	1.0, 1.1, …, 1.5	$\dfrac{13}{4} - k$	$-\dfrac{k^2}{2} + \dfrac{13k}{4} - \dfrac{11}{4}$	0.04

根据表 6-1 激励机制参数，由幼儿园服务能力 k 的密度函数 f 以及分布函数 F，易证结论 1，即激励机制的甄别作用。且根据参数可以得出在单一非对称信息以及双重非对称信息下幼儿园的服务能力水平与其业绩提成比例、固定支付、幼儿园的期望收益之间的相关关系，具体如图 6-1~图 6-4 所示。

由图 6-2 可知，在单一非对称信息以及双重非对称信息下，幼儿园的业绩提成比例是关于服务能力的单调增函数，且只有当在 B 点时，$\beta^*(k) = \beta^{***}(k)$。图 6-2 也论证了双重非对称信息下的激励机制具有"高端不扭曲"的特征，即

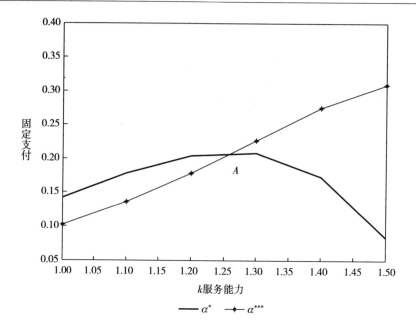

图 6-1 服务能力与固定支付相互关系

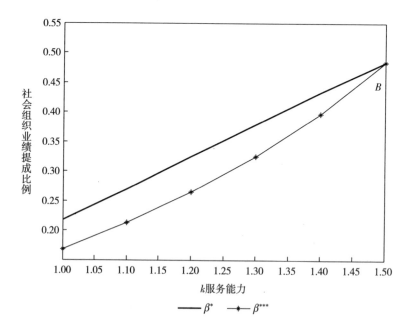

图 6-2 服务能力与业绩提成比例相互关系

只有当幼儿园的服务能力达到最高时，其业绩提成比例保持不变，即与单一非对称信息下的合约相同。由图6-1可知，当幼儿园的服务能力在 A 点时，$\alpha^*(k)=\alpha^{***}(k)$，其余各点均不相同，且政府对幼儿园的固定支付与幼儿园的服务能力无明显比例关系。图6-1、图6-2支持了4.2节中的分析。结合幼儿园的最优努力水平公式 $e^*=\dfrac{\beta^*\tau k^2}{c}$、$e^{***}(k)=\dfrac{\beta^{***}(k)\tau k^2}{c}$ 可知，随着幼儿园服务能力的提高，其业绩提成比例以及努力水平也会提高，因此，图6-1、图6-2同样支持结论2，即双重非对称信息下的激励机制能激励幼儿园的努力水平。

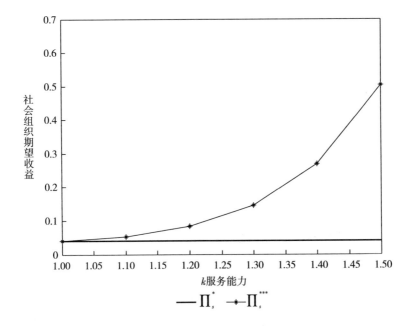

图6-3 服务能力与幼儿园期望收益相互关系

由图6-3可知，单一非对称信息下幼儿园的期望收益 $\prod_s^* = \prod_s^0 = 0.04$，在双重非对称信息下的幼儿园期望收益呈单调递增情况，即随着幼儿园服务能力的提高，其收益情况也随之增加，且仅当幼儿园服务能力为1时，其值与单一非对称信息下的期望收益相等。图6-3中 $\prod_s^{***}$ 与 $\prod_s^*$ 之间的差值为幼儿园的信息租金，其值随着服务能力的增加而增加。图6-3支持了结论3。由图6-4可知，单一非对称信息以及双重非对称信息下政府的期望收益值均为幼儿园服务能力的增函数，因此，选择服务能力水平较高的幼儿园。

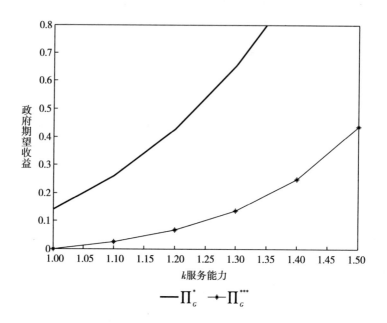

图 6 - 4　服务能力与政府期望收益相互关系

6.2.5　基于激励机制的质量提升策略分析

为实现政府购买普惠性学前教育服务质量管控目的，服务质量影响因素的研究仅为致力于提高普惠性学前教育服务的从业者提供了实施对象以及实施重点。在政府购买普惠性学前教育这项委托代理活动中，幼儿园具有双重私有信息，导致其出现道德风险与逆向选择问题，从而会谋取私利，因此，为提高普惠性学前教育服务质量水平，政府需提供以甄别幼儿园服务能力与激励其努力工作为目的的激励机制。本书构建了在双重非对称信息情境下且幼儿园服务能力为连续类型下的激励模型，以政府收益（公众利益）最大为目标，约束幼儿园显示真实的服务能力，且保证政府与幼儿园的期望收益都不低于各自的保留收益。

（1）政府角度：为实现对政府购买下学前教育服务质量管控的目的，政府应为各服务能力不同的幼儿园设计一揽子激励机制，使幼儿园选择能够体现自身真实服务能力的激励机制，从而达到甄别幼儿园服务能力且诱导其努力工作的双重目标。通过求解以政府收益（公众利益）最大为目标的激励模型得到最优激励参数——政府对幼儿园的固定支付以及激励系数（幼儿园的业绩提成比例）。政府可提供根据该模型计算得出的最优激励参数，激励幼儿园努力工作，严防道德风险问题，实现对政府购买学前教育服务质量的管控，达到政府收益（公众利益）最大的目标。

（2）幼儿园角度：在双重非对称信息情境下，通过求解激励模型，得出幼儿园的期望收益为 $\prod_s^{***}(k) = \prod_s^0 + \int_{\underline{k}}^k \frac{3\left[\beta^{***}(t)\,\tau\,t\right]^2}{2c}dt$。根据幼儿园的期望收益可知，除了最低服务能力的幼儿园仅获得保留收益之外，其余服务能力的幼儿园将获得保留收益以及信息租金。由此可得，为获得更多收益，幼儿园需努力提高自身的服务能力；又根据幼儿园的最优努力水平 $e^{***}(k) = \frac{\beta^{***}(k)\tau k^2}{c}$ 可知，幼儿园努力水平随其服务能力的提升而提高。因此，作为理性人的幼儿园为得到更多利益，需提高自身服务能力与努力水平。

6.3 政府购买公共服务质量管控机制设计

本节分别以政府购买学前教育与政府购买居家养老为例，进行政府购买公共服务质量管控机制设计。

6.3.1 政府购买视域下学前教育服务质量管控机制

立足于现实，本书建立多方博弈模型，在政府购买公共服务视角下，研究我国普惠性学前教育服务的质量管控体系构建问题，具有重要意义。

6.3.1.1 普惠性学前教育服务质量管控多方博弈模型的构建

（1）参与主体与信息结构假设。本节假定，政府购买公共服务下的普惠性学前教育服务质量管控参与主体为普惠性民办幼儿园、作为服务购买方的地方政府部门和上级政府。普惠性民办幼儿园有两种行为选择，分别是建立严格的服务质量管控体系和不建立严格的服务质量管控体系；服务购买方，即地方政府部门的行为选择是对所购买的普惠性学前教育服务进行质量监管和不对所购买的普惠性学前教育服务进行质量监管；上级政府的行为选择为对所辖地方普惠性学前教育服务质量进行测评和不对所辖地方普惠性学前教育服务质量进行测评。假设博弈三方都是理性的，均以自身利益最大化为目标，且由于信息不对称，三方均难以获晓其他两者的行为选择概率，因此是不完全信息下的博弈；与此同时，由于三者虽然可能不是同时行动，但在行动之前难以知晓其他主体的行为信息，通常是根据自己的主观判断进行决策，因此该博弈为不完全信息静态博弈。

（2）损益变量的设定。V_1 为普惠性民办幼儿园未建立严格的服务质量管控体系时的收益，C_1 为普惠性民办幼儿园建立严格的服务质量管控体系时的成本，因此其建立严格的服务质量管控体系时的收益为 $V_1 - C_1$。

L_1 为普惠性民办幼儿园的潜在损失。由于其未能建立严格的服务质量管控体系，所提供的不良的服务质量导致其信誉受损、招生困难等直接对其造成的损失，令 $C_1 > L_1$。

V_2 为不良的学前教育服务未被上级政府部门获悉时，地方政府部门的基本收益。

L_2 为地方政府部门的潜在损失。由于其没有对所购买的普惠性学前教育服务质量进行监管而使得地方普惠性学前教育服务质量水平低，不能满足当地公众的需求而给其自身带来的负效益（假定地方政府部门对其所购买的普惠性学前教育服务质量进行监管情形下，服务质量水平仍不能完全满足当地公众需求不对地方政府部门造成巨大的负效益，从而假定忽略该损失）。

C_2 为地方政府部门对所购买的普惠性学前教育服务进行质量监管的成本，令 $C_2 > L_2$。

ζ_1、ζ_2 分别表示在普惠性民办幼儿园没有建立严格的服务质量管控体系和建立严格的服务质量管控体系时，地方政府部门监管发现服务质量不满足要求时的概率，$\zeta_1 > \zeta_2$。

M_1 为地方政府部门对普惠性民办幼儿园的罚款。分以下两种情形：①民办幼儿园没有建立严格的服务质量管控体系，地方政府部门监管发现服务质量不达标而对所购买服务的幼儿园进行罚款，此时假定地方政府部门遭受的损失全部由该幼儿园负责，即 $M_1 = L_2$；②民办幼儿园建立了严格的服务质量管控体系，地方政府部门监管发现服务质量不达标而对所购买服务的幼儿园进行罚款，此时 $M_1 = \omega_1 L_2$，$0 < \omega_1 < 1$。

M_2 为上级政府查到普惠性民办幼儿园服务质量不达标时对幼儿园和地方政府部门的总的经济性处罚。进一步假定如下：

$(M_2\omega_2, M_2(1-\omega_2))$ 为民办幼儿园建立了严格的服务质量管控体系、地方政府部门进行服务质量监管情形下对幼儿园和地方政府部门的处罚；$(M_2(1-\omega_2), M_2\omega_2)$ 为民办幼儿园建立了严格的服务质量管控体系、地方政府未对其所购买学前教育服务的幼儿园进行质量监管情形下分别对幼儿园和地方政府部门的处罚（$0.5 < \omega_2 < 1$）；$(M_2, 0)$ 为民办幼儿园没有建立严格的服务质量管控体系、地方政府部门对所购买服务的幼儿园进行服务质量监管的情形下分别对幼儿园和地方政府部门的处罚；$(0.5M_2, 0.5M_2)$ 为民办幼儿园没有建立严格的服务质量管控体系、地方政府部门没有对其所购买服务的幼儿园进行质量监管情形下分别对幼儿园和地方政府部门的处罚。

ρ_1 表示在幼儿园建立严格的服务质量管控体系，且作为服务购买方的地方政府部门进行服务质量监管的情形下，上级政府对地方进行普惠性学前服务质量测评发现服务质量不达标的概率。

ρ_2 表示在幼儿园建立严格的服务质量管控体系，作为服务购买方的地方政府部门没有进行服务质量监管的情形下，上级政府对地方进行普惠性学前教育服务质量测评时发现服务质量不达标的概率。

ρ_3 表示在幼儿园没有建立严格的服务质量管控体系，作为服务购买方的地方政府部门进行服务质量监管的情形下，上级政府对地方进行普惠性学前教育服务质量测评时发现服务质量不达标的概率。

ρ_4 表示在幼儿园没有建立严格的服务质量管控体系，作为服务购买方的地方政府部门没有进行服务质量监管情形下，上级政府对地方进行普惠性学前教育服务质量测评时发现服务质量不达标的概率。

Δv 为上级政府的派生收益，即上级政府对地方进行普惠性学前教育服务质量测评，且查到服务质量不达标时直接给上级政府自身带来的正效益。

L_3 为上级政府的潜在损失，即由于上级政府没有对地方进行普惠性学前教育服务质量测评或是进行服务质量测评但没有发现服务质量不达标而导致地方普惠性学前教育服务质量不能满足公众需求而直接给上级政府自身带来的负效益。

C_3 为上级政府对地方普惠性学前教育进行服务质量测评的成本。

α 为普惠性民办幼儿园建立严格的服务质量管控体系的概率。

β 为地方政府部门对所购买的普惠性学前教育服务进行质量监管的概率。

γ 为上级政府对地方普惠性学前教育服务进行质量测评的概率。

（3）支付矩阵的构建。根据上述假设，可得普惠性民办幼儿园、地方政府部门和上级政府三方支付矩阵，具体如表 6-2 所示。

表 6-2　普惠性民办幼儿园、地方政府部门和上级政府三方支付矩阵

参与者行动组合（幼儿园、地方政府部门、上级政府）	效用
（质量管控，监管，测评）	$V_1 - C_1 - L_2\varpi_1\zeta_2 - M_2\varpi_2\rho_1,$ $V_2 - C_2 + L_2\varpi_1\zeta_2 - M_2(1-\varpi_2)\rho_1,$ $\Delta v\rho_1 - L_3(1-\rho_1) + M_2\rho_1 - C_3$
（质量管控，不监管，测评）	$V_1 - C_1 - M_2(1-\varpi_2)\rho_2,$ $V_2 - L_2 - M_2\varpi_2\rho_2,$ $\Delta v\rho_2 - L_3(1-\rho_2) + M_2\rho_2 - C_3$
（质量管控，监管，不测评）	$V_1 - C_1 - L_2\varpi_1\zeta_2,$ $V_2 - C_2 + L_2\varpi_1\zeta_2,$ $-L_3$
（质量管控，不监管，不测评）	$V_1 - C_1,\ V_2 - L_2,\ -L_3$
（无质量管控，监管，测评）	$V_1 - L_1 - L_2\zeta_1 - M_2\rho_3$ $V_2 - C_2 + L_2\zeta_1$ $\Delta v\rho_3 - L_3(1-\rho_3) + M_2\rho_3 - C_3$
（无质量管控，不监管，测评）	$V_1 - L_1 - 0.5M_2\rho_4,$ $V_2 - L_2 - 0.5M_2\rho_4,$ $\Delta v\rho_4 - L_3(1-\rho_4) + M_2\rho_4 - C_3$
（无质量管控，监管，不测评）	$V_1 - L_1 - L_2\zeta_1,\ V_2 - C_2 + L_2\zeta_1,\ -L_3$
（无质量管控，不监管，不测评）	$V_1 - L_1,\ V_2 - L_2,\ -L_3$

6.3.1.2 普惠性学前教育服务质量管控多方博弈模型的求解

均衡条件设定：根据表 6 - 2，运用无差异方程原理，设定普惠性学前教育服务质量管控多方博弈模型的均衡条件。

（1）普惠性幼儿园均衡条件。

1）普惠性幼儿园建立严格的服务质量管控体系时的收益 E_{11}：

$$E_{11} = \beta\gamma(V_1 - C_1 - L_2\varpi_1\zeta_2 - M_2\varpi_2\rho_1) + (1-\beta)\gamma(V_1 - C_1 - M_2(1-\varpi_2)\rho_2) + \beta(1-\gamma)(V_1 - C_1 - L_2\varpi_1\zeta_2) + (1-\beta)(1-\gamma)(V_1 - C_1)$$

2）普惠性幼儿园不建立严格的服务质量管控体系时的收益 E_{12}：

$$E_{12} = \beta\gamma(V_1 - L_1 - L_2\zeta_1 - M_2\rho_3) + (1-\beta)\gamma(V_1 - L_1 - 0.5M_2\rho_4) + \beta(1-\gamma)(V_1 - L_1 - L_2\zeta_1) + (1-\beta)(1-\gamma)(V_1 - L_1)$$

由 $E_{11} = E_{12}$，得：

$$\beta\gamma M_2(-\varpi_2\rho_1 + (1-\varpi_2)\rho_2 + \rho_3 - 0.5\rho_4) + \gamma M_2(-(1-\varpi_2)\rho_2 + 0.5\rho_4) + \beta(L_2\zeta_1 - L_2\varpi_1\zeta_2) = C_1 - L_1 \tag{6.40}$$

（2）地方政府部门均衡条件。

1）地方政府部门对其所购买的普惠性学前教育服务进行质量监管时的收益 E_{21}：

$$E_{21} = \alpha\gamma(V_2 - C_2 + L_2\varpi_1\zeta_2 - M_2(1-\varpi_2)\rho_1) + (1-\alpha)\gamma(V_2 - C_2 + L_2\zeta_1) + \alpha(1-\gamma)(V_2 - C_2 + L_2\varpi_1\zeta_2) + (1-\alpha)(1-\gamma)(V_2 - C_2 + L_2\zeta_1)$$

2）地方政府部门对其所购买的普惠性学前教育服务不进行质量监管时的收益 E_{22}：

$$E_{22} = \alpha\gamma(V_2 - L_2 - M_2\varpi_2\rho_2) + (1-\alpha)\gamma(V_2 - L_2 - 0.5M_2\rho_4) + \alpha(1-\gamma)(V_2 - L_2) + (1-\alpha)(1-\gamma)(V_2 - L_2)$$

由 $E_{21} = E_{22}$，得：

$$\alpha\gamma M_2(-(1-\varpi_2)\rho_1 + \varpi_2\rho_2 - 0.5\rho_4) + \gamma \cdot 0.5M_2\rho_4 + \alpha L_2(\varpi_1\zeta_2 - \zeta_1) = C_2 - L_2\zeta_1 - L_2 \tag{6.41}$$

（3）上级政府均衡条件。

1）上级政府进行地方普惠性学前教育服务质量测评收益 E_{31}：

$$E_{31} = \alpha\beta(\Delta v\rho_1 - L_3(1-\rho_1) + M_2\rho_1 - C_3) + (1-\alpha)\beta(\Delta v\rho_3 - L_3(1-\rho_3) + M_2\rho_3 - C_3) + \alpha(1-\beta)(\Delta v\rho_2 - L_3(1-\rho_2) + M_2\rho_2 - C_3) + (1-\alpha)(1-\beta)(\Delta v\rho_4 - C_3)$$

$L_3(1 - \rho_4) + M_2\rho_4 - C_3)$

2）上级政府不对地方普惠性学前教育进行服务质量测评收时益 E_{32}：

$E_{32} = \alpha\beta(-L_3) + (1-\alpha)\beta(-L_3) + \alpha(1-\beta)(-L_3) + (1-\alpha)(1-\beta)(-L_3)$

由 $E_{31} = E_{32}$，得：

$$(\Delta v + L_3 + M_2)[\alpha\beta(\rho_1 - \rho_2 - \rho_3 + \rho_4) + \beta(\rho_3 - \rho_4) + \alpha(\rho_2 - \rho_4)] = C_3 - \rho_4(\Delta v + L_3 + M_2) \tag{6.42}$$

变量约减：由于由式（6.40）、式（6.41）、式（6.42）组成的方程组过于复杂，考虑到社会实际情况，本书对相关变量做如下假设，从而在一定程度上实现变量的约减：

假设1：在上级政府方面，相对于其整体财政收入，其潜在损失 L_3 和派生收益 Δv 对政府的影响不明显，可以忽略不计，因此假定 $L_3 = 0$，$\Delta v = 0$。

假设2：假设地方政府部门的质量监管体系很完善，若普惠性民办幼儿园未建立严格的服务质量管控体系，则地方政府部门经监管发现服务质量不达要求的概率 $\zeta_1 = 1$；假设上级政府对地方进行普惠性学前教育服务质量测评的体系很完善，若幼儿园未能建立严格的服务质量管控体系，且地方政府未对其所购买的普惠性学前教育服务质量进行监管时，上级政府经测评发现服务质量达不到要求的概率 $\rho_4 = 1$；若幼儿园建立了严格的服务质量管控体系，其地方政府对其所购买的普惠性学前教育服务质量进行监管时，上级政府经测评发现服务质量达不到要求的概率 $\rho_1 = 0$。

假设3：假设在幼儿园建立严格的服务质量管控体系时，地方政府部门监管发现服务质量不达标而对所购买服务的幼儿园进行罚款的数额较小，幼儿园的整体收益影响很小，即假设 $\varpi_1 = 0$。

假设4：假设三方的质量管控水平相当，则可令 $\rho_2 \approx \rho_3$，即在幼儿园和地方政府部门中有一方未进行服务质量管控的情形下，上级政府经测评发现服务质量不达标的概率几乎相等。

假设5：令 $M_1 < C_1 - L_1$，即地方政府部门在幼儿园没有建立严格质量管控体系时的罚款小于幼儿园在没有建立严格质量管控体系比建立体系时所获得的收益增额。因为只有这样，才有引入上级政府测评作用的必要性，否则上级政府只需对地方政府部门进行管控，而对具体学前教育服务质量进行测评的影响就可有可

无了；同理 $M_2 < C_1 - L_1$。

根据上述假设，方程组整理如式（6.43）所示：

$$\begin{cases} \alpha = \dfrac{C_2 - 2L_2 - 0.5\gamma M_2}{\gamma M_2(\varpi_2 \rho_2 - 0.5) - L_2} \\[3mm] \beta = \dfrac{C_1 - L_1 + \gamma M_2((1 - \varpi_2)\rho_2 - 0.5)}{\gamma M_2((2 - \varpi_2)\rho_2 - 0.5) + L_2} \\[3mm] \dfrac{C_3 - M_2}{M_2} = \alpha\beta(1 - 2\rho_2) - \beta(1 - \rho_2) - \alpha(1 - \rho_2) \end{cases} \tag{6.43}$$

6.3.1.3　基于数值仿真的服务质量管控多方博弈模型关键变量分析

在普惠性学前教育服务质量管控实践中，理想的状态是，普惠性的民办幼儿园自觉地构建完善的服务质量管控体系、地方政府部门对所购买的普惠性学前教育服务认真履行监管工作、上级政府积极管控，对地方的普惠性学前教育服务质量进行有效测评。从多方博弈模型求解角度看，只有识别出各方主体行为概率的关键影响变量，在实践中采取相应措施，促使各方主体选择积极行为的概率不断增大，从而最终实现普惠性学前教育服务质量的有效管控。由于博弈模型方程组涉及变量多、模型复杂，其解析解的求解与分析过于烦琐，因此本书基于 Matlab 平台，通过数值模拟与仿真的方法对各关键变量进行分析。首先假定参数 $C_1 = 100$，$C_2 = 120$，$C_3 = 110$，$L_1 = 75$，$L_2 = 95$，$M_2 = 20$，$\rho_2 = 0.15$，$\omega_2 = 0.8$，根据以上假设进行数值模拟。

（1）基于普惠性民办幼儿园行为选择（α）的分析。

1）幼儿园建立严格服务质量管控体系的成本 C_1 对 α 的影响。如图 6 - 5 所示，随着 C_1 的增大，α 减小，即对于普惠性民办幼儿园来说，其建立严格服务质量管控体系成本越高，则其选择建立管控体系的可能性越小。

2）幼儿园的潜在损失 L_1 对 α 的影响。如图 6 - 6 所示，普惠性民办幼儿园由于未能建立严格的服务质量管控体系，所提供不良的服务导致其信誉受损、招生困难等直接对其造成的损失 L_1 越大，其选择构建严格的服务质量管控体系的概率越高。

3）地方政府部门对普惠性民办幼儿园的罚款 M_1 对 α 的影响。如前文对 M_1 的设定描述，当幼儿园未建立服务质量管控体系时，$M_1 = L_2$，当幼儿园建立了严

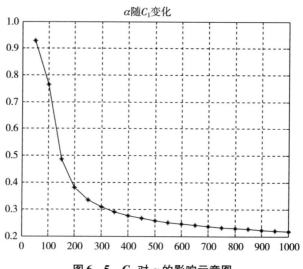

图 6-5　C_1 对 α 的影响示意图

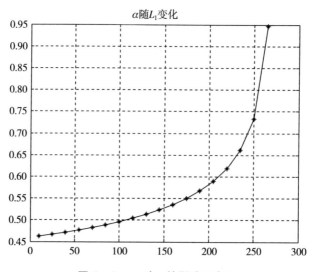

图 6-6　L_1 对 α 的影响示意图

格的服务质量管控体系时，$M_1 = \omega_1 L_2$，即 M_1 的大小与 L_2 直接关联，因此，这里我们分析 L_2 与 α 的关系，以此来反映地方政府部门对普惠性民办幼儿园的罚款大小对 α 的影响。如图 6-7 所示，当 L_2 较小时，其变动对 α 的影响不大，但是当 L_2 增加到一定水平后，随着其继续增加，α 的值也迅速增大。

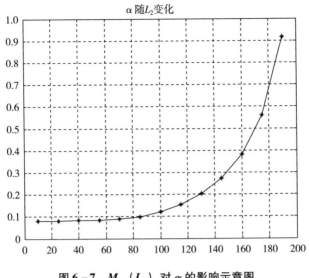

图 6 - 7 M_1（L_2）对 α 的影响示意图

4）上级政府对幼儿园和地方政府部门的经济性处罚 M_2 对 α 的影响。如图 6 - 8 所示，上级政府在查到普惠性民办幼儿园服务质量不达标时对地方政府部门和普惠性民办幼儿园的总的经济性处罚 M_2 越大，幼儿园建立服务质量管控体系的可能性越高。

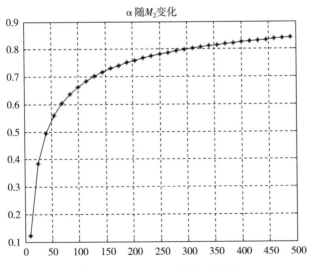

图 6 - 8 M_2 对 α 的影响示意图

（2）基于地方政府部门行为选择（β）的分析。

1）地方政府部门对普惠性学前教育服务质量进行监管的成本 C_2 对 β 的影响。如图6-9所示，地方政府部门对其所购买的普惠性学前教育服务质量进行监管的成本越高，其选择进行质量监管的可能性越低。

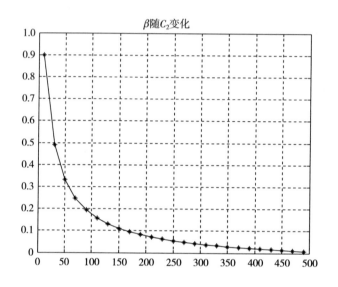

图6-9　C_2 对 β 的影响示意图

2）地方政府部门的潜在损失 L_2 对 β 的影响。如图6-10所示，随着地方政府部门的潜在损失增大，即由于其没有对所购买的普惠性学前教育服务质量进行监管，使得地方普惠性学前教育服务质量水平低而不能满足当地公众的需求，以给其自身带来的负效益越大，地方政府部门对其所购买的普惠性学前教育服务进行质量监管的概率上升。

3）上级政府对幼儿园和地方政府部门的经济性处罚 M_2 对 β 的影响。如图6-11所示，当上级政府查到地方普惠性学前教育服务质量不达标时，对幼儿园和地方政府部门的经济性处罚提高，则地方政府部门选择对其所购买的普惠性学前教育进行质量监管的可能性迅速增加。

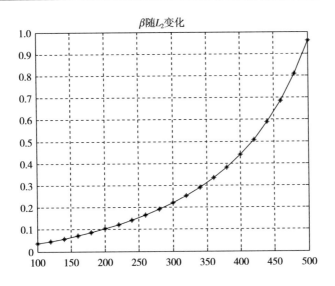

图 6 - 10 L_2 对 β 的影响示意图

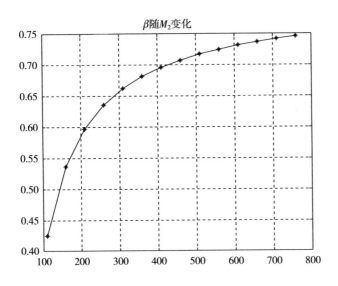

图 6 - 11 M_2 对 β 的影响示意图

（3）基于上级政府行为选择（γ）的分析。

1）上级政府对地方普惠性学前教育进行服务质量测评的成本 C_3 对 γ 的影响。如图 6 - 12 所示，上级政府选择对地方普惠性学前教育进行服务质量测评的概率随着测评成本 C_3 的增大而减小。

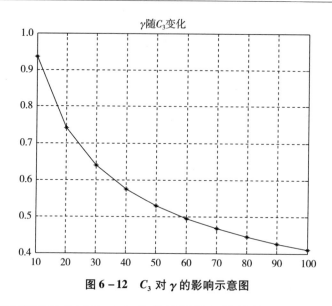

图6-12　C_3 对 γ 的影响示意图

2）上级政府对幼儿园和地方政府部门的经济性处罚 M_2 对 γ 的影响。如图6-13所示，当上级政府查到地方普惠性学前教育服务质量不达标时，对幼儿园和地方政府部门的经济性处罚提高，则上级政府自身选择进行服务质量测评的可能性也提高。

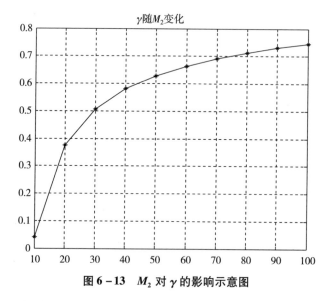

图6-13　M_2 对 γ 的影响示意图

6.3.1.4　讨论

由以上的关键影响变量分析可知，对于上级政府来说，其对地方普惠性学前教育服务进行质量测评的管控成本 C_3 和对幼儿园及地方政府部门的罚款 M_2 是关键影响变量，这将直接影响上级政府是否进行地方普惠性学前教育服务质量的测评。一旦管控成本过高，或者来自幼儿园和地方政府部门的经济性处罚过少，且 $C_1 > L_1$，$C_2 > L_2$，上级政府便会重新考虑自身的行为，甚至会为了实现自身利益最大化而替幼儿园及地方政府部门隐瞒普惠性学前教育服务质量不达标情况。对于普惠性民办幼儿园而言，其行为选择主要受其本身构建服务质量管控体系的成本 C_1，由于未建立质量管控体系而导致的损失 L_1，以及地方政府部门对其进行监管发现服务质量未达标而对其罚款 M_1 和上级政府进行质量测评发现服务质量不达标而对其和相关地方部门的罚款 M_2 的影响。其中成本 C_1 和潜在损失 L_1 对幼儿园的影响比较大，这两个因素将直接影响幼儿园建立完善的服务质量管控体系的概率 α 的大小，若能将成本减小到一定程度，则将令 α 增大。此外，若地方政府部门的罚款 M_1 和上级政府的罚款 M_2 增加，则会对普惠性民办幼儿园产生威慑作用，从而规范民办幼儿园的行为。对于地方政府部门来说，其行为选择的主要影响变量为进行质量管控的成本 C_2、地方普惠性学前教育服务质量不能达到要求、不能让公众满意而对自身造成的损失 L_2 以及上级政府进行质量测评发现服务质量不达标而对其和相关幼儿园的罚款 M_2。同样，监管成本 C_2 和潜在损失 L_2 对其行为选择影响较大，上级政府的经济性处罚 M_2 也对其行为选择具有显著影响。

从表面上看，学前教育服务质量不尽如人意，服务质量管控体系难以有效构建的主要原因是幼儿园构建管控体系的成本过高而因此得到的利益过少，同时幼儿园的违规成本过低以及政府的监管成本过高。但是究其根本，导致这种局面的深层次原因则在于信息结构不良、服务质量管控模式落后和管控制度不完善、对应的管控措施不合理。本书通过构建信息不对称下的多方博弈模型研究政府购买普惠性学前教育服务质量的管控问题，为学前教育服务质量管控体系的构建提供了一定的借鉴。但是，高质量的学前教育服务不仅仅要求普惠性民办幼儿园的服务质量管控，更要考虑同样数量众多的公办幼儿园和其他各级各类民办幼儿园的服务质量管控问题，这样我们才能构建完善的学前教育服务质量管控体系。

6.3.2 政府购买视域下居家养老服务质量管控机制

政府购买模式下，我国居家养老服务存在两方面质量问题：一是监管薄弱、养老服务质量监管体系不健全。正是由于缺乏公众监督、第三方监督，地方政府部门和养老组织的寻租成本低，居家养老服务市场"价高质不高"的情况屡见不鲜。二是服务供给专业化不足。专业化人才的缺失、供需匹配程度低等导致服务对象满意度不高，所以急需设计出科学有效的政府购买居家养老服务质量管控机制以突破当前质量监管体系不健全、质量提升动力不足等瓶颈问题。

构建科学有效的政府购买居家养老服务质量管控机制不仅有利于督促居家养老服务中心提升服务品质、树立质量品牌意识以获得无形的超额收益，而且对于提高老人的生活质量、增强居家老人的参与感、提高服务对象的满意度具有重要意义。此外，设计出政府购买居家养老服务质量管控机制有望降低腐败滋生的风险、提高政府公信力，为政府赢得较高的声誉。

针对包括养老服务在内的质量监管问题，政府部门主要通过建立惩罚机制和激励机制约束社会组织的违约违规行为。李健和薛程（2019）引入惩罚额度、监管成本和监管力度研究环境质量监管问题。朱立龙和郭鹏菲（2017）经研究发现：农产品质量监管重点需从寻租收益、寻租成本和惩罚力度着手。于涛和刘长玉（2016）在政府和第三方博弈模型中增加监管成本、惩罚力度、财政补贴等变量。付秋芳等（2016）引入惩罚机制研究碳排放投入的两方博弈问题。除了引入奖惩机制，国内外学者不乏引入声誉机制对交通运输、环保等项目的质量监管问题展开探讨。申亮（2011）认为环保质量监督不仅需要适度的惩罚力度，还需提高环保企业的声誉。郭汉丁等（2017）提出要加强政府监督，声誉机制和惩罚机制要同时并举。本书根据政府购买居家养老服务的特性引入奖惩机制和声誉机制研究政府购买居家养老服务质量管控问题。

由于养老服务质量监管涉及多方参与主体的利益协调问题，现有研究大多从演化博弈的角度探讨质量管控问题。夏涛（2019）构建地方政府部门、养老服务供给方和养老服务需求方三方演化博弈模型，提出提高政府和供给源的超额收益，降低需求家庭参与成本等建议。岳向华和林毓铭（2019）构建政府监管部门与私营部门间的演化博弈模型，结果表明政府的监管收益和成本、运营补贴是影响质量监管的关键因素。毛艳华（2016）采用演化博弈研究引入惩罚机制后居家养老两方博弈合作行为的演化机理。丁社教和王成（2017）构建了政府、第三方评估与养老机构的三方博弈模型，提出不仅要加大监管和惩罚力度，也要适当使用激励手段。本书在已有研究的基础上，考虑复杂系统中的拓扑结构特性对于质量管控演化效果的影响，结合复杂网络和演化博弈理论，引入惩罚、激励和声誉机制，建立政府购买居家养老服务质量管控多主体演化博弈模型，以期为地方政府部门购买居家养老服务质量管控问题提出针对性的对策及建议。

6.3.2.1 政府购买居家养老服务相关利益主体分析

政府购买居家养老服务质量管控涉及多方主体，分别是政府相关部门、服务承接主体和老人。政府部门位于服务链的始端，占据着主导地位，是居家养老服务的购买方、监管者；服务承接主体作为养老服务链的中间人角色，向上承接政府购买居家养老服务项目，向下提供居家养老服务；老人是服务链的终端用户，是政府购买居家养老服务的受益人、监督者。政府根据老年人的需求集中性购买居家养老服务项目，并通过合同管理方式履行监督职责，街道办质量工作小组、养老协会等组织定期追踪、监督检查承接方的服务进度与质量。中标的服务承接主体按合同要求按时为老人群体提供上门服务，并根据老人需求实时更新服务方式和服务项目。服务对象则如实向政府反馈需求、服务效果与满意度等信息。政府按合同要求给养老组织支付服务费用。它们三者的主要利益关系如图 6 – 14 所示。

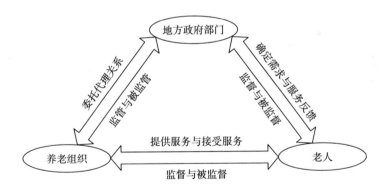

图 6 – 14 政府购买居家养老服务主体关系

6.3.2.2 政府购买居家养老服务质量管控网络博弈模型构建

（1）政府购买居家养老服务质量管控网络模型构建。复杂网络是由复杂系统抽象成的虚拟网络，复杂网络的节点对应着复杂系统中的不同实体，复杂网络的边对应着复杂系统中不同实体之间的联系。本书以某县区的地方政府部门（街道办）、服务承接主体和老人为节点，边代表博弈关系，建立政府购买居家养老服务质量管控网络。与以往不同的是，网络中的博弈主体包含三个异质群体，每一地方政府、承接主体和老人之间两两博弈，可形成一个博弈集团，若干个类似的博弈集团可生成一复杂网络，网络模型构建具体步骤如下：

第一步：初始时刻即 $t=0$ 时，网络中有 20 个社区（即 20 个地方政府部门节点和 20 个服务承接主体点）。第二步：当 t 每增加一个单位，一个新节点（老人）加入网络，且该节点带有两条边。第三步：新节点随机选择社区 j，与社区 j 中的地方政府部门和养老服务中心两两建立连接，网络形成过程如图 6-15 所示。

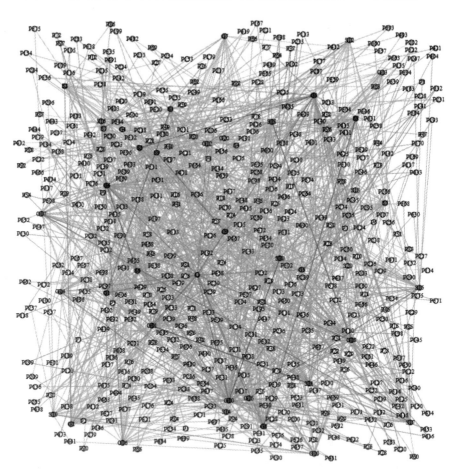

图 6-15　政府购买居家养老服务质量管控网络形成

注：S_i 表示第 i 个服务承接主体；G 表示上级政府部门；G_j 表示地方政府部门 j；P_k 表示第 k 个老人。节点颜色越深，面积越大表示该节点的连接度越大。

（2）政府购买居家养老服务质量管控网络类型判定。政府购买居家养老服务质量管控网络属于小世界网络，可通过计算该网络的平均特征路径长度、平均聚类系数和小世界商数加以验证。

平均特征路径长度 L 是指网络中该节点到网络中其余所有节点的最短路径长度的平均值，可表示为：

$$L = \frac{2}{N(N-1)} \sum_{i>j} d_{ij}$$

其中，N 表示网络节点总数，d_{ij} 表示从节点 i 出发到节点 j 的最短路径长度。

聚类系数为某个节点最近邻之间的实际连接数与最近邻节点间最多连接数的比值，可表示为：

$$C_i = \frac{2E_i}{k_i(k_i-1)}$$

其中，k_i 表示为节点 i 的邻居节点数量；E_i 表示最近邻间的实际连接数。则平均聚类系数可表示为：

$$C = \frac{1}{N} C_i$$

网络密度为节点间实际连接数与节点间可形成的最大连接数的比值。假定网络节点总数为 N，实际连接数为 l，则网络密度可表示为：

$$D = \frac{l}{N(N-1)}$$

根据小世界系数转换不等式，将该网络与同等规模（相同节点数和密度）的随机网络比较，判断其是否具有小世界属性。小世界属性的显著程度可用小世界商数 Q 衡量，假定 C_r、L_r 分别表示随机网络的平均聚类系数和平均特征长度，Q 可表示为：

$$Q = \frac{C/C_r}{L/L_r}$$

该网络的平均聚类系数 C 为 0.93，平均特征路径长度约为 3.8。同等规模的随机网络平均聚类系数为 0.002，平均特征路径长度约为 7.68，符合 $C > C_r$，$L < L_r$，$Q > 1$ 的条件，证明政府购买居家养老服务质量管控网络具有较强的聚类系数和较短的特征路径长度，具有显著的小世界特性。

（3）基于复杂网络的政府购买居家养老服务质量管控多方演化博弈模型。

1）基本假设如下：

假设一：各节点 i 只和其邻居进行博弈，用邻接矩阵 A_{ij} 表示政府购买居家服务质量管控复杂网络结构，若节点 i 和节点 j 之间有边，则 A_{ij} 为 1，否则 A_{ij} 为 0。

假设二：$S_i = \{0, 1\}$ 表示的是节点 i 的策略集，i 节点在博弈过程中都有两种策略可供选择，其中，1 表示选择合作策略，0 表示选择不合作策略。地方政府部门作为服务质量监管的主体有两种策略选择——严格监管和宽松监管；服务承接主体可选择提供高质服务和提供低质服务两种策略；老人存在两种策略可供选择——积极参与和不参与。

假设三：政府购买模式下居家养老服务三方群体均为有限理性。与政府购买居家养老服务直接或间接相关的部门，包括财政部、民政局、医疗、教育和人力资源与社会保障部门等，本书统一以地方政府部门代表以上群体。

假设四：假设将购买居家养老服务质量纳入政府部门绩效考核当中，地方政府部门若严格监管，积极查处承接主体服务不规范行为以及地方政府和承接方的寻租舞弊行为，可获得上级的奖励、良好的声誉等，但此时的监管成本一定大于松散监管时的监管成本。若地方政府部门选择松散监管，承接方违约经营、提供低质服务而被公众举报，上级将对地方政府部门相关人员予以行政处分。

假设五：承接主体选择提供高质服务的成本（养老软硬件设施高于政府规定标准，专业护理人员充足）一定大于选择提供高质服务的成本（设施不完善，专业护理人员短缺），若承接主体提供高质服务，老人满意度评价较高，可获得政府给予的奖励（包括增加运营补贴等物质奖励和公开表扬等精神激励）以及无形的未来收益（政府增加与其合作机会，在公众中的声誉上涨）。若承接主体提供低质服务，被公众举报或被政府查实，须向有关部门缴纳罚金，政府也将减少合作机会。

假设六：老人的积极参与（反馈需求、服务效果及满意度等信息）可降低政府的监管成本和管理费用，获得参与的自我效能感。老人反映的服务质量信息是地方政府部门绩效考核以及服务承接主体等级评定（与运营补贴挂钩）的依据。

2）损益变量选取与设定：V_G、V_C 分别表示地方政府部门、服务承接主体、老人都选择不合作时，地方政府部门和服务承接主体的正常收益；地方政府部门和服务承接主体都选择合作策略时，地方政府部门可获得上级奖励和声誉收益，记为 R_g；若地方政府部门和承接方都选择不合作而被公众举报，上级对地方政府部门的惩处记为 F_g，C_{G1}、C_{G2} 分别表示政府严格监管时，老人选择合作和不合作，政府所投入的监管成本；C'_G 表示政府宽松监管时所投入的监管成本，满足 $C'_G < C_{G1} < C_{G2}$。

C_H、C_L 分别表示服务承接主体提供高质服务和提供低质服务所需投入的成本，满足 $C_L < C_H$，σ 分别表示政府鉴于服务承接主体按质按时履行合同而给予的额外奖励（增加运营补贴，声誉上涨，与政府合作机会增加）。服务承接主体选择不合作而被公众举报，服务承接主体承受的损失记为 S_c（罚金、与政府合作机会减少）。

C_E 表示老年人家庭参与居家养老服务质量管控的成本；U_{E1}、U_{E2} 分别表示老年人在地方政府部门和社区养老服务中心都合作时和合作不能进行（都不合作或只有一方合作）时，选择参与获得的效用，满足 $U_{E1} > U_{E2}$；U'_{E1}、U'_{E2} 分别表示老年人家庭在地方政府部门和服务承接主体都合作时和合作不能进行（都不合作或只有一方合作）时，选择不参与获得的效用，满足 $U'_{E1} > U'_{E2}$，$U_{E1} > U'_{E1}$，$U_{E2} > U'_{E2}$。

3）支付矩阵的构建：三方利益主体不同策略选择下的支付矩阵如表 6-3 所示。

表6-3 政府购买居家养老服务质量管控三方演化博弈支付矩阵

策略选择			地方政府部门	
			严格监管	宽松监管
服务承接主体	提供高质服务	参与	$(V_C + \sigma - C_H,\ U_{E1} - C_E,\ V_G - C_{G1} + R_g)$	$(V_C - C_H + \sigma,\ U_{E2} - C_E,\ V_G - C'_G)$
		不参与	$(V_C + \sigma - C_H,\ U'_{E1} - C_E,\ V_G + R_g - C_{G2})$	$(V_C - C_H,\ U'_{E2} - C_E,\ V_G - C'_G)$
	提供低质服务	参与	$(V_C - C_L - S_c,\ U_{E2} - C_E,\ V_G - C_{G1})$	$(V_C - C_L,\ U_{E2} - C_E,\ V_G - C'_G - F_g)$
		不参与	$(V_C - C_L - S_c,\ U'_{E1} - C_E,\ V_G - C_{G2})$	$(V_C - C_L,\ U'_{E2} - C_E,\ V_G - C'_G - F_g)$

4）收益函数的建立：设 $\pi(s_i,\ s_j,\ s_k)$ 表示个体 i 的博弈收益，s_i，s_j，s_k 分

别表示个体 i，j，k 的策略。根据支付矩阵得到服务承接主体节点在三方不同策略选择下的收益，则服务承接主体群体中任意节点 i 的总收益函数可表示为：

$$U_i = \sum_{j,k \in \Omega_i} A_{i*} \frac{\pi(s_i, s_j, s_k)}{k_i - 1}$$

其中，Ω_i 表示节点 i 的邻居集合；k_i 表示节点 i 的度，即与节点 i 有博弈关系的邻居数量。

同理，老年人家庭群体中任意节点 j 的收益函数可表示为：

$$U_j = \sum_{i,k \in \Omega_j} A_{j*} \frac{\pi(s_i, s_j, s_k)}{k_j - 1}$$

其中，Ω_j 表示节点 j 的邻居集合；k_j 表示节点 j 的度。

地方政府部门群体中任意节点 k 的总收益函数为：

$$U_k = \sum_{i,j \in \Omega_k} A_{k*} \frac{\pi(s_i, s_j, s_k)}{k_k - 1}$$

其中，Ω_k 表示节点 k 的邻居集合；k_k 表示节点 k 的度。

5）演化规则：根据复制动力学（Replication Dynamics，RD）规则，任意博弈个体 i 随机择一邻居节点中进行收益比较，如果邻居 j 的收益大于节点 i 自身的收益，则节点 i 在下一轮博弈中会以概率 p_i 模仿个体 j 的博弈策略：

$$p_i(s_i \leftarrow s_j) = \frac{U_j - U_i}{D \cdot \max(k_i, k_j)}$$

其中，U_i 和 U_j 分别表示个体 i 和 j 的收益；D 表示支付矩阵中博弈参数最大值与最小值的差值；$\max(k_i, k_j)$ 表示个体 i 和 j 的度较大值。

6.3.2.3 仿真分析

（1）仿真过程。依据本书构建的政府购买居家养老服务质量管控演化博弈模型和算法，用 Matlab 仿真平台进行仿真分析。以网络的合作者密度测度指标表征政府购买居家养老服务质量管控效果，模拟各参数数值变化对各节点合作行为的影响。模型仿真过程步骤如下：

第一步：以社区为单位构建政府购买居家养老服务质量管控网络模型并设定参数初始化，将博弈过程中的策略随机分配给网络中的节点。

第二步：根据三方博弈的支付矩阵，社区的街道办和它所委托的服务承接主体以及 k 个老人进行 k 次博弈，根据三方的总收益函数计算出各节点的总收益。

第三步：根据 RD 规则，各节点选择同性质的节点进行收益比较。比如，地方政府部门之间相互进行收益比较。计算出节点 i 在下一轮博弈中模仿个体 j 博弈策略的概率 p_i（假设 i 的收益小于 j 的收益），若 p_i 大于设定值则选择模仿，否则选择原策略。

第四步：转到第二步，一直循环直至网络达到稳定状态。

（2）仿真结果及分析。

1）网络规模和行为一致性偏好对政府购买居家养老服务质量管控网络博弈的影响。由于效用是一种无形收益，收益差异并不十分显著时，个体无法感知，此时对个体行为决策影响更大的是集体决策倾向。因为个体与其他伙伴维系着正常的社交关系，它会观察周围其他人的行为，如果集合中大多数的人与自己的行为决策相同，个体主观上会获得更大的满足感，否则会产生自己与周边环境格格不入的不适感，这种心理使个体表现出行为一致性偏好。因此，个体在做决策时，并不能客观地仅基于利益驱动进行最优反应学习。实际上，网络中服务的老人数越多，老人之间的集团化程度越高，越易形成"非正式集体"，集体内的个体行为决策越容易被影响，因此，考虑利益驱动的客观条件和从众心理的主观感受，以小世界网络为载体，研究网络规模（服务老人数量）和行为一致性偏好对网络中个体合作行为的影响，分别取 $V_G = 200$，$R_g = 50$，$C_{G1} = 50$，$C_{G2} = 60$，$C'_G = 40$，$F_g = 70$，$V_C = 100$，$\sigma = 50$，$C_H = 80$，$C_L = 60$，$S_C = 100$，$U_{E1} = 150$，$C_E = 50$，$U_{E2} = 120$，$U'_{E1} = 130$，$U'_{E2} = 110$，仿真结果如图 6 - 16 所示。

如图 6 - 16 所示，随着网络规模的增大，地方政府部门的合作者密度出现缓慢地下降后保持不变的趋势，这是由于初始时刻，即 $t_0 \in [200, 300]$ 时，随着服务的老人数增多，地方政府的监管难度加大，需要投入更多的监管成本，地方政府部门开始力不从心，出现"疲软"状态。当 $t_0 = 400$，$c/m = 0.15$ 时，地方政府的合作者密度出现峰值。此后，随着行为一致性偏好的加大，合作者密度反而呈现微弱的下降趋势，这是因为随着网络规模继续增大，尽管个体有行为一致性需求，但是采取合作所需成本在不断增加，在 $c/m > 0.15$ 时，收益的下降已经能明显地被感知。所以，部分地方政府部门选择宽松监管，仅靠奖惩机制以及公众约束机制的运转来进行监督，此时的行为一致性偏好开始产生消极效应，类似于病毒传播，原先的合作者在行为一致性偏好的驱动下纷纷背叛，合作者密度开始下降。网络规模的变化对服务承接主体合作者密度的影响最为显著，这是因为在初始时刻，随着服务的老人数增多，服务承接主体获得的总收益越大，但服务承接主体的服务能力是有限的，一旦 $t_0 > 400$，部分承接主体的服务半径已经达到饱和，如果要扩大供给，意味着承接方需要更多的人力资源和设施设备的成本支出，服务承接方可能会选择敷衍了事，提供低质服务。行为一致性偏好对于老人的影响最为显著，由于文化程度、收入水平等原因，老人并不像地方政府和服务承接方能够根据收益作出决策，更多地会受集体行为决策的影响。在 $c/m = 0.24$ 时，老人的合作者密度出现峰值，一旦超过 0.24，老人的合作者密度虽略有下降，但跌幅很小。地方政府部门可利用网络规模对合作行为的敏感性合理布局，发挥行为一致性偏好最优学习规则的积极效应，推动整个网络良性有序发展。

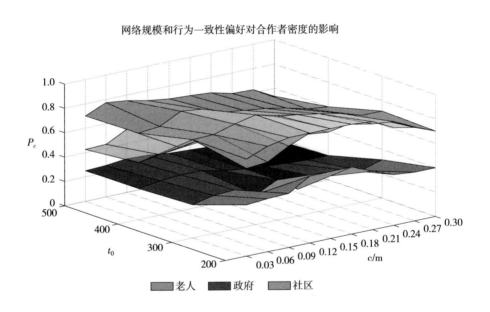

图 6 - 16 t_0 和 c/m 对网络合作者密度的影响

注：c 表示个体的行为一致性需求程度；m 表示个体采取合作行为所需付出的成本；t_0 表示网络规模；P_c 表示合作者密度。

2）声誉收益和监管成本对政府购买居家养老服务质量管控网络博弈的影响。

分别取不同的声誉收益 R_g 和监管成本 C_g，在 RD 策略更新规则下，政府购买居家养老服务质量管控演化博弈的仿真结果如图 6 – 17 所示。

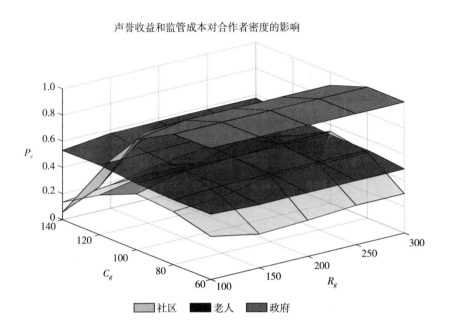

声誉收益和监管成本对合作者密度的影响

图 6 – 17 R_g 和 C_g 对网络合作者密度的影响

如图 6 – 17 所示，随着监管成本的增加，老人的参与意愿没有较大波动。对于地方政府部门，随着监管成本的减少，地方政府部门的合作者密度不断增加，当 $C_g \in [60，80]$ 时，合作者密度达到峰值 1，所有地方政府部门都选择严格监管，但 $C_g > 100$ 时，地方政府的合作者密度大幅度下跌，尤其 $C_g = 140$ 时，几乎所有地方政府部门开始"失控"。对于服务承接主体，在 $C_g = 100$ 时，承接主体的合作者密度达到峰值，但当监管成本超过 100 时，承接方的合作者密度缓慢地下降，这是因为 $C_g \leqslant 100$ 时，几乎所有地方政府都选择了严格监管，服务承接主体寻租以及低质供给的风险系数上升，只能选择提供高质服务以寻求未来更多的合作机会和无形收益；当 $C_g > 100$ 时，超过一半的地方政府选择了消极监管，仅靠公众和第三方约束，部分承接主体抓住监管漏洞，铤而走险，与地方政府发生寻租以谋取不正当利益。从纵向上看，政府的声誉收益直接影响着政府的合作意愿，随着声誉收益的增加，政府的合作者密度不断上涨。一方面，声誉收益弥补了监管成本给政府造成的损失；另一方面，政府购买居家养老服务属于准公共物品，政府更重视的是实际效用以及良好的声誉。声誉收益对老人的合作意愿并无较大影响；对服务承接主体，虽有偏离轨道的较小波动，大体上，声誉收益对承接主体的合作者密度也起着正向促进作用。由此得到启示：地方政府部门可保持好声誉和监管成本之间的平衡，当监管成本很大时，可考虑在声誉收益一侧加大砝码，比如加强与媒体合作，宣传政府政策，提高政府在公众中的声誉，比如在行政平台设置信息反馈专栏，提高公众参与度以降低监管成本。

6.4 政府购买公共服务质量管控体系框架

政府购买公共服务的参与主体涉及政府、社会组织、公众三方，各方利益关系错综复杂，即使是以政府主导来协调调配各方主体利益，但政府要做到从全局角度顺利把握各主体之间的利益主线，并做到既不损害作为全局统筹者的地位和形象，也要顾及社会组织维持其自身生存的基本利益，同时还得将公众需求满意度及信任作为工作的导向，仅仅依靠政府单方面来实现购买过程的质量管控则存在一定难度。因此，本书构建如图6-9所示的政府购买公共服务质量管控体系，通过对购买活动质量进行有效的监管以达到公众需求的满意。

王东伟在研究中提到为加强政府对公共服务的监管，可建立独立的、具有相当权威性、专业性的非政府机构，作为第三方监督机构，它的存在将依据客观的评价标准对政府购买公共服务过程的整个系统进行监管评价。图6-9中，第三方监督机构依托于政府委托建立，但却不属于政府机构的范畴，在资源调配、资金支持、社会认可程度等方面因政府方的政策制度等多方面的支持将具有雄厚的实力，可以协调各方力量推动整个购买系统的良好质量的形成，以最大限度地满足公众的质满意度。

第三方监督机构虽说是政府委托而建立的机构，但它主要以客观平台的角色，通过引入公众参与的力量，共同监督社会组织的服务供应，确保服务质量达到公众满意。而政府部门将根据社会组织和公众在提供服务和获取服务后所反馈的意见，经过专业人员的分析综合，将反馈结果作为上层指导性建议提供给第三方监督机构，并针对反馈意见和监督完成情况制定针对性的对策和法规来规范购买过程，由此形成引入公众参与的第三方监督机构来监督政府购买公共服务的良性循环。

图 6 - 18 质量管控体系中，搭建了一个质量信息反馈系统，对政府购买公共服务过程中所涉及的信息进行汇总分析，用以指导政府购买公共服务决策及提供服务的实现。若需求和质量信息获取难度加大且已获取准确性不高，服务所涉及的规模范围将加大，使政府的工作量增多，极大地浪费了人力、财力、物力等资源，且效率不高。因此，搭建质量信息反馈系统，强调对监管内容和方式的改进，并鼓励媒体行业等社会力量的积极参与，使得政府做出购买决策、社会组织提供服务、第三方监督机构工作具有透明性和可操作性，及时改进政府购买公共服务的质量。

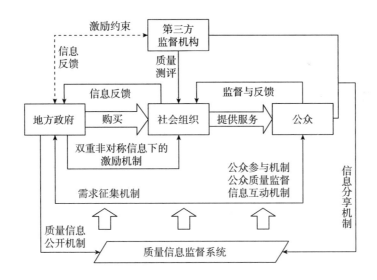

图 6 - 18　质量信息监控体系

如图 6 - 18 所示，在此政府购买服务质量管控体系中，政府处于质量监控的最高主导层，对购买服务的质量负责，需要制定规则并做出相应的安排，在购买服务时，与社会组织存在委托代理关系，需要设计双重非对称信息下的最优激励合同，诱导社会组织努力提高服务水平，并对所有服务提供机构的行为负有协调、监视的责任。

质量信息监控体系构建的目的主要是为了实现地方政府部门、社会组织以及公众的信息共享互通，通过完善质量信息分享和公开机制，既能实现多元主体之间相互监督，又能促进信息的流动和传递。具体流程是：政府在对社会组织的服务能力未知的情况下，合理利用双重非对称信息下的激励机制以甄别社会组织的服务能力，为保证社会组织提高努力水平，设计最优合同进行过程监管；社会组织在服务提供过程中，不仅要通过管理信息平台与政府平台进行对接，实现服务流程、服务情况的信息反馈，还需要接受政府委托的第三方评估机构的服务质量测评，规范自身服务行为；公众通过居委会及时反馈自己的满意度信息，通过公众参与机制以实现公众监督的权利。此外，公众之间可自发地组成质量监督小组，通过例会等形式，定期分享质量满意度情况、分享质量信息，实现公众间的信息流通。除此以外，公众可通过热线电话和信访举报投诉社会组织违约、不规范、寻租等损害公众利益的行为，将违约经营的社会组织列入失信名单并予以经济惩戒。

在政府购买环节，考虑到社会组织在政府购买公共服务提供过程中的特殊作用、地位及其相关权利与责任的关联关系，对社会组织应激励大于约束，在服务输送过程中，应合理设置激励参数以弥补社会组织在连续提供高质量服务过程中所造成的损失。社会公众对政府购买服务质量监控的模式设计，应主要考虑其作为公共服务的直接受益者，对公共服务的质量最有评价权，因此，需要设计公众参与机制和公众间质量信息分享机制，促进"自下而上"信息的流通。

在质量评价环节，政府采取将公共服务外包给社会组织是职能转变以建立服务型政府的做法，引入公众参与的机制也必是未来政府服务的趋势，因为公众在政府购买公共服务的系统中，不仅仅是服务受益方，同时也是直接的市场主体。王东伟也指出，在建立的公共服务质量评价指标中建立公众评价投诉指标，既为其服务，又为其提供合理的平台表达真实诉求。至此，通过第三方监督机构，公众的需求及意见将直接反馈给政府层面，政府迫于公众需求的压力，将会加大力度对社会组织进行质量监管，目的在于达到公众满意并由此维持良好形象。由于社会组织同政府签订了合作协议，因此，为确保自身利益、社会认可度、经济效益，社会组织将会在提供服务的过程中更加谨慎负责，对服务过程进行实时的动态管理控制。

实际上，质量信息反馈系统搭建的关键是促进质量反馈信息在政府、公众、社会组织与第三方监督机构之间传递与分享，因此，须构建完整的信息分享机制，拓宽信息分享渠道，促进分享方式的多元化，保证信息分享的流通性和真实性，这样才能保证质量监管产生实效。

6.5 政府购买公共服务质量管控体系构建对策

6.5.1 购买环节

第一，构建双重非对称信息下的激励机制。为实现对政府购买下公共服务质量管控的目的，政府应为各服务能力不同的社会组织设计一揽子激励机制，使社会组织选择能够体现自身真实服务能力的激励机制，从而达到甄别社会组织服务能力且诱导其努力工作的双重目标。通过求解以政府收益（公众利益）最大为目标的激励模型得到最优激励参数——政府对社会组织的固定支付以及激励系数（社会组织的业绩提成比例）。政府可提供根据该模型计算得出的最优激励参数，激励社会组织努力工作，严防道德风险问题，实现对政府购买下公共服务质量的管控，达到政府收益（公众利益）最大的目标。

第二，加强信息公开透明制度建设。加强对媒体工作的支持力度，引导其对政府购买公共服务公开透明化的直接报道，揭露政府、社会组织在实际购买过程中存在的不当行为，并充分调动服务对象的参与积极性，通过媒体向传递公众对政府购买公共服务的最新态度及意见，以此来监督整个购买行为的有序完成。

第三，构建需求征集机制，购买服务的根本出发点是为了满足公众的需求，应以需求为导向，建立合理的需求征集机制，充分利用大数据等技术实时预测公众需求信息，以此作为政府购买的决策依据。

6.5.2　服务输送环节

第一，控制监管力度，建立声誉补偿机制。以声誉收益补偿弥补加大监管力度造成的损失，而建立声誉机制必须先提高公众参与度，此处的"公众"并不局限于老人群体，应涵盖老人及其家属、社区居民、其他社会工作者以及养老协会等非正式组织在内的各层社会力量。政府可加强与媒体合作，宣传政府政策，提高公众对政策的认可度。此外，完善公众与政府间的信息反馈机制，降低政府监管成本和公众参与成本，增强双方的合作意愿，具体地，可由社区居委会牵头，成立相关组织并逐渐形成体系，发挥政府和公众之间沟通的"桥梁"作用，收集公众意见并传递给政府，将公众参谋咨询的权利落到实处。对于公众，除了听证会、座谈会等形式，信访平台、电话热线方式以及网络媒体都是成本低、效率高的监督方式，公众应积极参与举报和投诉以维护老人的切身利益。

第二，完善对服务承接方的激励补偿机制。对社区应激励大于约束，激励参数的合理设置可以弥补承接主体维持高质水平所付出的代价，对各服务承接主体的激励机制应根据其人工投入实时作出调整。所以，政府可尝试通过增加运营补贴和合作机会等措施，激励承接主体增加用工成本，提供高质服务。

第三，建立健全公共服务质量信息市场公开体系。政府可首先承担起建立健全公共服务质量信息市场公开体系的职责，一方面政府通过自己的机构直接向公众提供信息；另一方面强制性地要求社会组织向公众提供相关运行状况和质量信息，增加透明度的同时，缓解信息的不对称问题。

6.5.3　监管评价环节

第一，通过监管流程的优化和信息结构的改进以降低地方政府部门和上级政府的管控成本。可考虑在对现有流程进行分析的基础上，运用科学、先进的流程改进方法，如六西格玛管理等，对监管流程进行优化，提高监管效率，降低监管成本；可引入并加强第三方监管的作用，提高监管的专业性和客观性的同时，提高监管的效率和效用，降低监管成本；可根据不同地区普惠性学前教育推进的实际情况，建立面向普惠性幼儿园的服务质量测评体系，形成普惠性幼儿园的长效机制和考核机制，将相关幼儿园质量测评报告纳入政府信息集成系统，以此为基础构建普惠性学前教育服务质量信息反馈与监控体系。

第二，完善公众参与机制。完善公民听证制度，将政府决策购买公开透明化。公众作为政府购买公共服务的受益方，需强化参与公共服务购买监督意识，将需求及反馈意见及时表述，这对于制定和提供公众满意的公共服务项目、提高服务供给效率具有重大意义。而听证制度是公民参与公共服务购买监督的重要途径，有助于社会组织信息披露制度的实现，具体是指通过法律形式将社会组织的年报、财务状况信息无条件公开，对于公众参与的手段进行扩展，意见处理结果也要在网上公开公示。通过完善的信息反馈机制，使得购买系统的相关信息以双向流动的形式传递，将从政府购买公共服务的源头进行未来风险的降低，并改变"事后检验"为"事前预防"的方式，将在一定程度上降低政府购买公共服务的财政支出成本。

第三，完善公众质量监督信息互动机制。公众可自发成立质量监督小组，定期召开会议，分享监督方式、监督内容、结果等信息。一方面，联动机制可以充分发挥小组成员的优势，实现能力互补，融合各个成员的力量为质量信息反馈做出贡献，实现区域共享。另一方面，老人参与监督工作，退休后的剩余价值有所体现，自我效能感会提高，会获得精神上的满足感。其中，小组中需要发挥领导核心的作用，负责组织监督人员，纠正监督行为，总结汇报的质量信息，协调引导众人参与监督活动，保证一切工作有序展开。因此，为保证公众之间的"非正式集体"趋向成熟，需要推选代表，表达公众集体意见，提高公众参与的有效性。

此外，老人在权利受损时，应主动向社会力量寻求帮助，在遵循相关政策法规的基础上，积极收集视频、照片等凭证，通过信访平台、电话热线方式、网络媒体进行举报和投诉。充分发挥网络媒介的作用，积极向周围的社区居民、网友以及其他组织工作人员传递政府购买居家养老服务质量信息，发动群众，利用网络媒体传播范围广、速度快的特点，靠舆论监督方式引起社会组织和当地政府部门的重视。

6.6 小结

为实现对政府购买公共服务质量的管控，本章以学前教育为例，设计全面考虑服务能力与努力水平均为非对称信息，且服务能力为连续形式情景下的激励机制模型。因政府购买公共服务质量管控涉及多个主体、多个环节，公众的参与对质量管控的作用不可忽视，利用演化博弈思想，仿真分析关键因素对于政府购买公共服务质量管控效果的作用机理，以此为基础，构建多主体参与下的政府购买公共服务质量管控机制，基于激励机制和管控机制，构建政府购买公共服务质量管控体系框架，从政府购买公共服务链的视角提出针对性的相关对策和建议。

参考文献

［1］Ai X. New Metrics for Node Importance Evaluation in Occupational Injury Network ［J］. IEEE Access, 2019 (99): 1.

［2］Alessandro Ancarani. Supplier Evaluation in Local Public Services: Application of a Model of Value for Customer ［J］. Journal of Purchasing & Supply Management, 2009, 15 (1): 33 −42.

［3］Aman Bolar, Solomon Tesfamariam, Rehan Sadiq. Management of Civil Infrastructure Systems: QFD − Based Approach ［J］. Journal of Infrastructure System, 2014, 7 (1): 78 −83.

［4］Ameryoun A., Najafi S., Nejati − Zarnaqi B., et al. Factor Selection for Service Quality Evaluation: A Hospital Case Study ［J］. International Journal of Health Care Quality Assurance, 2017, 30 (1): 58 −66.

［5］Barro R., Grilli V. Government Purchases and Public Services ［M］. London: Palgrave Macmillan, 1994: 301 −320.

［6］Bevilacqua M., Ciarapica F. E., Mazzuto G. Fuzzy Cognitive Maps for Adverse Drug Event Risk Management ［J］. Safety Science, 2018 (102): 194 −210.

［7］Bryce H. A. Exploring the Use of Grounded Theory as a Methodological Approach to Examine the Black Box of Network Leadership in the National Quality Forum ［J］. Journal of Health & Human Services Administration, 2013 (4): 469 −504.

［8］Brown M., Brudney J. A Smarter, Better, Faster, and Cheaper Government: Contracting and Geographic Information Systems ［J］. Public Administration Review, 1998, 58 (4): 335 –340.

[9] Chen Y. Z. , Man H. X. A Study on Supply Level of Pension Public Service [J] . Population Journal, 2013, 35 (1): 22 –26.

[10] Chen B. , Wang Z. , Luo C. Integrated Evaluation Approach for Node Importance of Complex Networks Based on Relative Entropy [J] . Journal of Systems Engineering and Electronics, 2016, 27 (6): 1219 –1226.

[11] Chen G. , Shi X. , Yue S. The Government Purchases Municipal Waste Classification Services to Promote Diversified Governance Based on Environmental Pollution [J] . IOP Conference Series Earth and Environmental Science, 2020, 598 (1): 12 –64.

[12] Datsika, et al. Software Defined Network Service Chaining for OTT Service Providers in 5G Networks [J] . IEEE Communications Magazine, 2017, 55 (11): 124 –131.

[13] Davidow W. H. , Malone M. S. The Virtual Corporation: Structuring and Revitalizing the Corporation for the 21st Century [M] . NY: Harper Business, 2011.

[14] Dickson G. W. An Analysis of Vendor Selection Systems and Decision [J]. Journal of Purchasing, 1966 (2): 63 –68.

[15] Dat L. Q. , Phuong T. T. , Kao H. P. , et al. A New Integrated Fuzzy QFD Approach for Market Segments Evaluation and Selection [J] . Applied Mathematical Modelling, 2015, 2 (13): 78 –80.

[16] Feng Y. Y. , Wu I. C. , Chen T. L. Stochastic Resource Allocation in Emergency Departments with a Multi – Objective Simulation Optimization Algorithm [J]. Health Care Management Science, 2017, 20 (1): 55 –75.

[17] Fung R. Y. K. , Tang J. , Tu Y. , et al. Fuzzy Financial Optimization in Product Design Using Quality Function Deployment [J] . International Journal of Production Research, 2002, 40 (3): 585 –599.

[18] Glaser B. Basics of Grounded Theory Analysis [M] . Mill Valley: CA Sociology Press, 2008.

[19] Glaser B. Grounded Theory: 1984 – 1994 [M] . Mill Valley: Sociology

Press, 1995.

[20] Guttman S. Trends in Public/Private Sector Partnerships [J]. Journal of Leisure Property, 2000 (1): 66 – 68.

[21] Heinrich S., Luppa M., Matschinger H., et al. Service Utilization and Health – Care Costs in the Advanced Elderl [J]. Value in Health, 2008, 11 (4): 611 – 620.

[22] Holmstrom B., Milgrom P. Aggregation and Linearity in the Provision of Intertemporal Incentives [J]. Econometrica, 1987, 55 (2): 303 – 328.

[23] Huang K. S. Study on the Care Resources for the Elderly in the Perspective of Relationship between Supply and Demand [J]. China Population, Resources and Environment, 2013 (23): 488 – 491.

[24] Jaynes E. T. Information Theory and Statistical Mechanics [J]. Physical Review, 1957, 106 (4): 620 – 630.

[25] Jose Muniz, Elsa Pena – Suarez, Yolanda de la Roca. Organizational Climate in Spanish Public Health Service: Administration and Services Staff [J]. International Journal of Clinical and Health Psychology, 2014, 14 (2): 102 – 110.

[26] Kosko B. Fuzzy Cognitive Maps [J]. International Journal of Man – Machine Studies, 2013, 24 (1): 65 – 75.

[27] Lam, Jasmine Siu LeeLai, Kee – hung. Developing Environmental Sustainability by ANP – QFD Approach: The Case of Shipping Operations [J]. Journal of Cleaner Production, 2015, 14 (10): 110 – 114.

[28] Lefevre E., Colot O., Vannoorenberghe P. Belief Function Combination and Conflict Management [J]. Information Fusion, 2002, 3 (2): 149 – 162.

[29] Lei Z., Lai K. K., Ming W. Multi – Resource Robust Optimization of Emergency Human Resource Supply Chain Management under Uncertainty [J]. Systems Engineering – Theory & Practice, 2015, 35 (3): 736 – 742.

[30] Li C. X. Study on the Multi – Supply Mode of Public Services to the Elderly in Rural Areas – Based on the Survey of the Psychosocial Needs of the Elderly in Rural Areas [J]. Journal of Hebei University of Science and Technology, 2014, 24 (1):

21 – 25.

[31] Lin Z. , Wen F. , Wang H. , et al. CRITIC – based Node Importance Evaluation in Skeleton – Network Reconfiguration of Power Grids [J] . IEEE Transactions on Circuits and Systems Ⅱ: Express Briefs, 2017, 65 (2): 206 – 210.

[32] Lu J. , He T. , Wei G. , et al. Cumulative Prospect Theory: Performance Evaluation of Government Purchases of Home – based Elderly – care Services Using the Pythagorean 2 – tuple Linguistic TODIM Method [J] . International Journal of Environmental Research and Public Health, 2020, 17 (6): 1939.

[33] Malley J. , D'Amico F. , Fernandez J. L. What is the Relationship Between the Quality of Care Experience and Quality of Life Outcomes? Some Evidence from Long – term Home Care in England [J] . Social Science & Medicine, 2019 (10): 243.

[34] Mihic M. M. , Todorovic M. L. J. , Obradovic V. L. J. , et al. Can We Do Better? Economic Analysis of Human Resource Investment to Improve Home Care Service for the Elderly in Serbia [J] . Clinical Interventions in Aging, 2016 (11): 85 – 96.

[35] Nelson R. G. , Amir A. , Samin A. The Use of a GERT Based Method to Model Concurrent Product Development Processes [J] . European Journal of Operational Research, 2016, 250 (2): 566 – 578.

[36] Sato N. , Fujita K. , Kushida K. , et al. Exploring the Factors Influencing the Quality of "Health Support Pharmacy" Services in Japan: Perspectives of Community Pharmacists [J] . Research in Social and Administrative Pharmacy, 2020 (16): 1686 – 1693.

[37] Seung – Kyu Rhee, June – Young Rha. Public Service Quality and Customer Satisfaction: Exploring the Attributes of Service Quality in the Public Sector [J] . The Service Industries Journal, 2009, 29 (11): 1491 – 1512.

[38] Siciliani L. The Economics of Long – Term Care [J] . The B. E. Journal of Economic Analysis & Policy, 2013, 14 (2): 343 – 375.

[39] Siddhartha S. , Syam, Murray J. A Location – allocation Model for Service Providers with Application to Not – for – Profit Health Care Organizations [J] . Ome-

ga, 2010 (38): 157 – 166.

[40] Steven G. , Aidan R. V. A Framework for Evaluating the Government Con-tracting – out Decision with an Application to Information Technology [J] . Public Ad-ministration Review, 1996, 56 (6): 577 –585.

[41] Sudday R. What Grounded Theory Is Not [J] . Academy of Management Journal, 2006, 49 (4): 633 –642.

[42] Talley W. K. , Ng M. W. , Marsillac E. Port Service Chains and Port Per-formance Evaluation [J] . Transportation Research Part E: Logistics and Transporta-tion Review, 2014 (69): 236 –247.

[43] Tang J. , Fung R. , Xu B. , et al. A New Approach to Quality Function Deploy-ment Planning [J] . Computers & Operations Research, 2002, 29 (11): 1447 –1463.

[44] Tynkkynen L. K. , Lehto J. , Miettinen S. Framing the Decision to Contract out Elderly Care and Primary Health Care Services – Perspectives of Local Level Politi-cians and Civil Servants in Finland [J] . BMC Health Services Research, 2012, 12 (1): 201.

[45] Wang J. A Study on How to Combine Medical Resources with Pension Re-sources [J] . Scientific Research on Aging, 2015, 10 (5): 140 –145.

[46] Wang S. Developing Value Added Service of Cold Chain Logistics between China and Korea [J] . Journal of Korea Trade, 2018 (3): 16.

[47] Wassermann G. S. On How to Prioritize Design Requirements during the QFD Planning Process [J] . IIE Transactions, 1993, 25 (3): 59 –65.

[48] Wen X. , Tu C. , Wu M. , et al. Fast Ranking Nodes Importance in Com-plex Networks Based on LS – SVM Method [J] . Physica A: Statistical Mechanics and Its Applications, 2018 (506): 11 –23.

[49] Wenli F. , Ping H. , Zhigang L. Multi – attribute Node Importance Evalua-tion Method Based on Gini – coefficient in Complex Power Grids [J] . IET Genera-tion, Transmission & Distribution, 2016, 10 (9): 2027 –2034.

[50] While C. , Winbolt M. , Nay R. Consumer Expectations and Experiences of Quality in Australian Home – based Community Services [J] . Health & Social Care in

the Community, 2020 (10): 110.

[51] Winsløw J. H. , Borg V. Resources and Quality of Care in Services for the Elderly [J] . Scandinavian Journal of Public Health, 2008, 36 (3): 272 – 278.

[52] Wong W. N. K. , Kwok S. T. , Lee T. Y. A. Recruitment Challenges Facing Elderly Care Service Providers in Hong Kong [J] . British Journal of Healthcare Management, 2014, 20 (4): 184 – 190.

[53] Xinyue H. , Yongli T. Integrated Tourism Service Supply Chain Management: Concept and Operations Processes [C] . 2008 International Conference on Neural Networks and Signal Processing, 2008: 644 – 647.

[54] Xu Q. , Chow J. C. Exploring the Community – Based Service Delivery Model: Elderly Care in China [J] . International Social Work, 2011, 54 (3): 374 – 387.

[55] Xu Z. Multi – person Multi – attribute Decision Making Models under Intuitionistic Fuzzy Environment [J] . Fuzzy Optimization & Decision Making, 2007, 6 (3): 221 – 236.

[56] Yan B. , Gao X. , Lyon M. Modeling Satisfaction Amongst the Elderly in Different Chinese Urban Neighborhoods [J] . Social Science & Medicine, 2014 (118): 127 – 134.

[57] Zhang K. , Zhang H. , Dong Wu Y. , et al. Evaluating the Importance of Nodes in Complex Networks Based on Principal Component Analysis and Grey Relational Analysis [C] . 2011 17th IEEE International Conference on Networks, 2011: 231 – 235.

[58] Zhao J. Coordination of Elderly Healthcare Service Supply Chain with Information Asymmetry: Designs of Option Contracts under Different Demand Distribution Statuses [J] . RAIRO – Operations Research, 2020, 54 (5): 1291 – 1307.

[59] Zhi – Hua Hu, Zhao – Han Sheng. A Decision Support System for Public Logistics Information Service Management and Optimization [J] . Decision Support Systems, 2014 (59): 219 – 229.

[60] Zhou Y. , Hao L. , Liu W. Extenics – based Study on Evaluation of Urban Community Home – care Service for the Elderly [J] . Procedia Computer Science,

2016（91）：576 – 580.

［61］Zhou B. , Lei Y. , Li C. , et al. Electrical Leader Rank Method for Node Importance Evaluation of Power Grids Considering Uncertainties of Renewable Energy ［J］. International Journal of Electrical Power & Energy Systems, 2019（106）：45 – 55.

［62］Zarei M. , Fakhrzad M. B. , Jamali Paghaleh M. Food Supply Chain Leanness Using a Developed Model ［J］. Journal of Food Engineering, 2011, 23（1）：46 – 49.

［63］包国宪, 刘红芹. 政府购买居家养老服务的绩效评价研究 ［J］. 广东社会科学, 2012, 5（2）：15 – 22.

［64］蔡中华, 王一帆, 董广巍. 城市社区养老服务质量评价——基于粗糙集方法的数据挖掘 ［J］. 人口与经济, 2016（4）：82 – 90.

［65］曹颖赛, 刘思峰, 方志耕, 等. 基于案例学习的多层次聚类指标客观权重极大熵挖掘模型 ［J］. 中国管理科学, 2019, 27（2）：200 – 207.

［66］曹裕, 李业梅, 万光羽. 基于消费者效用的生鲜农产品供应链生鲜度激励机制研究 ［J］. 中国管理科学, 2018（2）：88 – 92.

［67］陈菲. 公共部门服务外包的动因、对象及运作模式探析 ［J］. 北方经贸, 2006（5）：78 – 82.

［68］陈建超. 政府购买学前教育服务的动因与改革路径研究 ［J］. 教育评论, 2016（10）：62 – 65.

［69］陈克贵. 非对称信息下虚拟企业激励契约设计研究 ［D］. 沈阳：东北大学, 2013.

［70］陈向明. 扎根理论在中国教育研究中的运用探索 ［J］. 北京大学教育评论, 2015, 13（1）：2 – 15.

［71］程浩. 对公共产品理论的认识 ［J］. 中国行政管理, 2010（6）：10 – 17.

［72］程翔宇, 徐东, 秦弋. 论政府购买学前教育服务在我国的现实需要与困境 ［J］. 成都行政学院学报, 2014（2）：13 – 16.

［73］邓金霞. 如何确定政府购买公共服务的价格？——以上海为例 ［J］. 中国行政管理, 2020（11）：99 – 105.

［74］丁社教, 王成. 居家养老服务：政府购买中的监管博弈 ［J］. 地方财政研究, 2017（9）：62 – 66 + 83.

[75] 董杨，句华．政府购买公共服务质量保障问题研究 [J]．中国行政管理，2016（5）：43-47．

[76] 杜晓君，刘赫．基于扎根理论的中国企业海外并购关键风险的识别研究 [J]．管理评论，2012（4）：20-29．

[77] 范炜烽，祁静，薛明蓉，等．政府购买公民社会组织居家养老服务研究——以南京市鼓楼区为例 [J]．科学决策，2010（4）：19-30+94．

[78] 范秀成，杜建刚．服务质量五维度对服务满意及服务忠诚的影响——基于转型期间中国服务业的一项实证研究 [J]．管理世界，2006（6）：111-118．

[79] 冯晶．我国政府购买养老服务的资金管理体系研究 [D]．青岛：中国海洋大学，2014．

[80] 付秋芳，忻莉燕，马士华．惩罚机制下供应链企业碳减排投入的演化博弈 [J]．管理科学学报，2016，19（4）：56-70．

[81] 耿秀丽，叶春明．基于直觉模糊 VIKOR 的服务供应商评价方法 [J]．工业工程与管理，2014（3）：18-25．

[82] 桂小琴，王望珍，章帅龙．地下综合管廊建设融资的激励机制设计 [J]．地下空间与工程学报，2011，7（4）：633-636+732．

[83] 郭本海，陈玮，吕东东．基于 GERT 网络的战略性新兴产业技术瓶颈探测模型 [J]．系统管理学报，2017，26（4）：728-736．

[84] 郭汉丁，王星，郝海．工程质量政府监督的声誉激励机制 [J]．土木工程与管理学报，2017，34（4）：64-70．

[85] 郭晓．政府购买公共服务中的政社关系研究 [D]．上海：华东理工大学，2013．

[86] 韩俊魁．当前我国非政府组织参与政府购买服务的模式比较 [J]．经济社会体制比较，2009（2）：128-134．

[87] 韩清颖，孙涛．政府购买公共服务有效性及其影响因素研究——基于 153 个政府购买公共服务案例的探索 [J]．公共管理学报，2019，16（3）：62-72+171．

[88] 韩艳．政府购买居家养老服务质量评估研究 [D]．厦门：厦门大学，2017．

［89］韩之俊，许前，钟晓芳．质量管理（第4版）［M］．北京：科学出版社，2017．

［90］洪江涛，陈俊芳．供应商联合质量管理的激励机制［J］．系统管理学报，2014，18（1）：56－60．

［91］胡春艳，李蕙娟．政府购买居家养老服务的问责关系分析及建构——以湖南省为例［J］．中国行政管理，2015（11）：110－115．

［92］黄培伦，黄珣，陈健．企业内部服务质量、关系质量对内部顾客忠诚的影响机制：基于内部营销视角的实证研究［J］．南开管理评论，2008，11（6）：10－17．

［93］姬晓辉，张蒙，李玉龙．非对称信息下电子产品逆向供应链激励机制研究［J］．工业技术经济，2018，37（11）：77－85．

［94］吉鹏，李放．政府购买养老服务满意度指标构建与实证评价——基于江苏三市的调研数据［J］．人口与发展，2017，23（3）：59－67．

［95］贾晓璇．简论公共产品理论的演变［J］．山西师范大学学报（社会科学版），2011（S2）：31－33．

［96］贾旭东，衡量．基于"扎根精神"的中国本土管理理论构建范式初探［J］．管理学报，2016（3）：336－338．

［97］句华．公共服务合同外包的适用范围：理论与实践的反差［J］．中国行政管理，2010（4）：51－55．

［98］康丽，马塔·安德瑞．基于时间窗的家庭医疗护理人力资源分配［J］．工业工程与管理，2017，22（3）：83－92．

［99］拉丰，马赫蒂摩．激励理论［M］．北京：中国人民大学出版社，2002．

［100］赖泳文．政府购买公共服务的几个重要问题［J］．中国机构改革与管理，2014（5）：38－39．

［101］雷玉河．政府购买公共服务的风险与防控探究［J］．中国集体经济，2019（12）：91－92．

［102］李长远，张会萍．政府购买养老服务的风险及其防治——基于养老服务链视角［J］．经济体制改革，2019（2）：33－38．

[103] 李飞. 政府购买学前教育服务的可行性探索——以徐州市为例[J]. 教师教育论坛, 2017（4）: 62 - 65.

[104] 李海明. 基于交易成本理论的公共服务外包动因研究——来自医疗保险的实证经验 [J]. 财贸研究, 2015（3）: 104 - 111.

[105] 李健, 薛程. 政府约束机制下环境质量监管三方演化博弈分析及仿真研究 [J]. 工业技术经济, 2019, 38（4）: 58 - 66.

[106] 李军鹏. 政府购买公共服务的学理因由、典型模式与推进策略[J]. 改革, 2013（12）: 17 - 29.

[107] 李玉玲. 我国养老服务质量建设的难点及治理研究 [J]. 兰州学刊, 2020（2）: 192 - 199.

[108] 李喆. 政府购买公共服务质量控制研究 [D]. 大连: 东北财经大学, 2014.

[109] 李子森. 政府在向社会组织购买公共服务时的经济风险及防范机制研究 [J]. 经济研究导刊, 2017（20）: 165 - 166.

[110] 廖楚晖, 甘炜, 陈娟. 中国一线城市社区居家养老服务质量评价 [J]. 中南财经政法大学学报, 2014（2）: 46 - 50.

[111] 林婉婷. 政府购买居家养老服务供应商选择问题研究 [D]. 石家庄: 河北经贸大学, 2017.

[112] 刘波, 崔鹏鹏, 赵云云. 公共服务外包决策的影响因素研究 [J]. 公共管理学报, 2010, 7（2）: 46 - 53.

[113] 刘方勤, 胡明华, 杨尚文. 基于航班到达时间窗约束的空域资源分配问题 [J]. 系统工程学报, 2011, 26（4）: 485 - 491.

[114] 刘红芹. 政府购买居家养老服务的绩效研究 [D]. 兰州: 兰州大学, 2012.

[115] 刘见. 政府购买学前教育服务研究 [D]. 广州: 华南理工大学, 2014.

[116] 刘舒杨, 王浦劬. 政府购买公共服务中的风险与防范 [J]. 四川大学学报（哲学社会科学版）, 2016（5）: 5 - 13.

[117] 刘颖, 冯晓霞. 政府购买学前教育服务的方式及其特点与影响[J].

教育科学文摘，2015（2）：20-22.

［118］刘再春．政府购买公共服务的风险防控思路与对策［J］．中共珠海市委党校珠海市行政学院学报，2018（3）：49-53.

［119］卢建平，陈研芹．政府购买养老服务资金监管与绩效评估［J］．合作经济与科技，2019（24）：184-187.

［120］卢正才，覃征．证据合成的一般框架及高度冲突证据合成方法［J］．清华大学学报（自然科学版），2011（11）：1701-1705.

［121］吕维霞，陈晔，黄晶．公众感知行政服务质量模型与评价研究——跨地区、跨公众群体的比较研究［J］．南开管理评论，2009，12（4）：143-151.

［122］吕文学，张磊，毕星．基于模糊认知图的工程项目争端处理决策研究［J］．中国软科学，2014（10）：164-173.

［123］马辉，王云龙．BIM情境下工程项目合作关系提升研究——基于模糊认知图模型［J］．科技进步与对策，2017，34（9）：52-56.

［124］马全中．政府向社会组织购买公共服务的"外包失灵"及矫正——基于广东欠发达地区的案例分析［J］．陕西行政学院学报，2019，33（1）：31-37.

［125］马跃如，易丹，胡韩莉．基于服务质量控制的养老服务供应链协调研究［J］．管理工程学报，2020，34（4）：109-118.

［126］毛艳华．政府购买居家养老服务监管：基于博弈视角的研究［J］．西北人口，2016，37（1）：94-98.

［127］倪东生，张艳芳．养老服务供求失衡背景下中国政府购买养老服务政策研究［J］．中央财经大学学报，2015（11）：3-13.

［128］宁靓，茅杰．准市场机制下政府购买公共服务的实证研究——以上海市闵行区的实践与探索为例［J］．中国海洋大学学报（社会科学版），2015（4）：91-97.

［129］彭晓帅，陈伟．供应链视角下政府购买公共服务质量控制的博弈分析［J］．中国管理信息化，2015（17）：193-195.

［130］任宗伟，刘传庆．基于SD的社区居家养老服务供应链服务质量模型研究［J］．企业经济，2019（9）：154-160.

［131］陕振沛，郭亚丹，宁宝权，等．基于组合赋权灰色关联改进 TOPSIS 法的应急物流供应商评价［J］．数学的实践与认识，2019，49（8）：71－78．

［132］邵铄淇．政府购买社区居家养老服务绩效评估［J］．合作经济与科技，2020（2）：178－179．

［133］申亮．我国环保监督机制问题研究：一个演化博弈理论的分析［J］．管理评论，2011，23（8）：46－51．

［134］石琤．居家养老概念辨析、热点议题与研究趋势［J］．社会保障研究，2018（5）：56－63．

［135］苏明，贾西津，孙洁．中国政府购买公共服务研究［J］．中国行政管理，2010（1）：9－17．

［136］孙荣，薛泽林．政府购买公共服务多元供给主体培育机制探析［J］．江苏行政学院学报，2016（2）：108－113．

［137］孙杨杰．自贸区背景下政府购买公共服务质量评估研究综述［J］．学术评论，2016（3）：135－139．

［138］郎鹏峰．政府购买公共服务的监管困境破解［J］．甘肃理论学刊，2013（2）：74－78．

［139］唐加福．产品优化设计的资源分配模型［J］．系统工程学报，2002，16（3）：284－288．

［140］田剑，仲培．电子服务质量对顾客满意度影响的实证研究——以 C2C 模式为例［J］．江苏科技大学学报（社会科学版），2012，12（1）：83－88．

［141］佟林杰．政府购买公共服务执行风险及防控策略研究［J］．燕山大学学报（哲学社会科学版），2017，18（2）：35－40．

［142］汪佳丽，徐焕东，常青青．构建全过程、多主体、动态循环的政府购买公共服务监督机制［J］．中国行政管理，2021（1）：157－159．

［143］王邦兆，王欢，郭本海．区域知识创新价值流动 GERT 网络模型［J］．科技进步与对策，2015，32（2）：39－44．

［144］王春婷．政府购买服务绩效的影响因素与传导路径分析——以深圳、南京为例［J］．软科学，2015，29（2）：1－5．

［145］王家合，杨硕，杨德燕，姜庆志，柯新利．县域政府购买农村公共文

化服务绩效的空间差异——以湖北省咸宁市咸安区为例［J］．经济地理，2021，41（1）：165－172.

［146］王建明，贺爱忠．消费者低碳消费行为的心理归因和政策干预路径：一个基于扎根理论的探索性研究［J］．南开管理评论，2011（4）：80－89.

［147］王静．济南市政府购买学前教育服务问题研究［D］．济南：山东财经大学，2016.

［148］王晓琼．政府购买中的公共服务质量控制研究［D］．上海：上海交通大学，2012.

［149］王焱．淮安市政府购买居家养老服务存在问题及对策研究［D］．徐州：中国矿业大学，2019.

［150］魏娜，刘昌乾．政府购买公共服务边界及实现机制研究［J］．中国行政管理，2015（1）：73－76.

［151］魏中龙，王小艺，孙剑文．政府购买服务效率评价研究［J］．广东商学院学报，2010（5）：21－25.

［152］温海红，王怡欢．居家社区养老服务质量及其影响因素分析——基于陕西省三市调查数据［J］．河北大学学报（哲学社会科学版），2019，44（2）：139－148.

［153］伍云山，张正祥．逆向供应链的激励机制研究［J］．工业工程，2006，12（1）：52－55.

［154］夏涛．政府购买机构养老服务下多方参与的演化博弈研究［J］．西北人口，2019，40（2）：59－68.

［155］项显生．我国政府购买公共服务边界问题研究［J］．中国行政管理，2015（6）：38－45.

［156］谢正阳，汤际澜，刘红建．政府购买体育公共服务模式的实践与探索——以常州为研究对象［J］．成都体育学院学报，2015，41（5）：S29－33＋54.

［157］徐家良，赵挺．政府购买公共服务的现实困境与路径创新：上海的实践［J］．中国行政管理，2013（8）：28－32.

［158］徐兰，方志耕，李晓萍．基于最优监督分析的政府购买公共服务质量监控研究［J］．江苏科技大学学报（自然科学版），2016，30（2）：172－176.

［159］徐兰，方志耕．基于质量损失的政府购买服务供给机构评价与选择方法［C］．中国管理学年会，2013.

［160］徐兰，李晓萍．基于中间顾客感知价值的政府购买公共服务质量影响因素分析［J］．江苏科技大学学报（社会科学版），2016, 16 (1)：88-92.

［161］徐涛，巩军．基于模糊认知图的船舶维修风险评估模型研究［J］．舰船电子工程，2015 (2)：129-132.

［162］徐忠，邹传伟．硬信息和软信息框架下银行内部贷款审批权分配和激励机制设计——对中小企业融资问题的启示［J］．金融研究，2010 (8)：1-15.

［163］许光建，吴岩．政府购买公共服务的实践探索及发展导向——以北京市为例［J］．中国行政管理，2015 (9)：46-50.

［164］颜秉秋，高晓路．城市老年人居家养老满意度的影响因子与社区差异［J］．地理研究，2013, 32 (7)：1269-1279.

［165］杨宝．政府购买公共服务模式的比较及解释——一项制度转型研究［J］．中国行政管理，2011, 4 (3)：40-45.

［166］杨波，林毓铭，丑建忠．广州市智慧居家养老服务质量评价［J］．社会保障研究，2017 (4)：21-35.

［167］杨燕英，周锐．扶贫领域政府购买服务长效机制研究［J］．中央财经大学学报，2021 (1)：3-11.

［168］姚冠新．双重信息不对称下生鲜农产品物流外包保鲜激励机制研究［J］．工业工程与管理，2018 (4)：89-91.

［169］叶春梅．刍议盐城市政府购买公共服务现状与困境［J］．现代盐化工，2020, 47 (6)：187-188.

［170］叶军，王文静．我国公共服务领域的多元供给模式研究［J］．现代管理科学，2012 (10)：43-45.

［171］叶托，薛琬烨．政府购买公共服务的责任风险与问责模式［J］．地方财政研究，2018 (4)：17-22.

［172］于涛，刘长玉．政府与第三方在产品质量监管中的演化博弈分析及仿真研究［J］．中国管理科学，2016, 24 (6)：90-96.

［173］岳向华，林毓铭．政府监管下养老 PPP 项目服务质量演化仿真分析

［J］．社会保障研究，2020（6）：3－14．

［174］昝妍．政府购买居家养老服务绩效评价指标体系探究（上）［N］．中国政府采购报，2020－06－23．

［175］詹国彬，林传学．政府购买公共服务的风险及其控制机制的构建［J］．江海学刊，2021（1）：138－145＋254－255．

［176］詹国彬．需求方缺陷、供给方缺陷与精明买家——政府购买公共服务的困境与破解之道［J］．经济社会体制比较，2013（5）：142－150．

［177］张钢，牛志江，贺珊．地方政府公共服务质量评价体系及其应用［J］．浙江大学学报（人文社会科学版），2008，38（6）：31－40．

［178］张海峰，刘二琳．基于DEA的船舶信息资源配置效率评价研究［J］．中国管理科学，2015，2（11）：842－847．

［179］张红凤，张栋，卜范富．养老服务机构服务质量影响因素及其地区差异——基于山东省十七地市的实证分析［J］．经济与管理评论，2018，34（2）：16－25．

［180］张洪涛，崔珊珊，刘广，刘翱．机群保障资源配置建模与优化模型［J］．系统工程理论与实践，2015，6（4）：1020－1026．

［181］张菊梅．政府购买公共服务的风险类型、诱因及其转换机理［J］．南昌大学学报（人文社会科学版），2018，49（3）：81－90．

［182］张龙．政府购买公共服务的风险分析及其控制策略［J］．现代商业，2017（8）：68－69．

［183］张铁军．政府购买教育服务如何成为"良制"［J］．学习时报，2016（7）：23－24．

［184］张晓红，王向．政府购买公共服务监管风险的诱导因素分析与预警控制［J］．财政监督，2017（4）：18－22．

［185］张智勇，赵俊，石永强，石园，杨磊．养老服务供应链中服务提供商的选择［J］．统计与决策，2014（4）：60－62．

［186］张智勇，赵俊，石永强．基于SLC－SVM的养老服务供应链服务质量风险识别［J］．系统科学学报，2015，23（2）：98－101．

［187］张智勇，赵俊，石园．养老服务集成商的服务质量决策分析［J］．

管理工程学报, 2015, 29 (2): 160 - 166.

[188] 章晓懿, 刘帮成. 社区居家养老服务质量模型研究——以上海市为例 [J]. 中国人口科学, 2011 (3): 83 - 92 + 112.

[189] 章晓懿, 梅强. 社区居家养老服务绩效评估指标体系研究 [J]. 统计与决策, 2012 (24): 73 - 75.

[190] 章晓懿, 梅强. 影响社区居家养老服务质量的因素研究: 个体差异的视角 [J]. 上海交通大学学报 (哲学社会科学版), 2011, 19 (6): 23 - 30.

[191] 章晓懿. 政府购买养老服务模式研究: 基于与民间组织合作的视角 [J]. 中国行政管理, 2012 (12): 48 - 51.

[192] 周娟, 余忠华, 侯智. 模糊认知图与证据理论融合的质量控制决策模型 [J]. 系统工程理论与实践, 2016 (5): 1289 - 1296.

[193] 周俊. 政府购买公共服务的风险及其防范 [J]. 中国行政管理, 2010 (6): 13 - 16.

[194] 周文辉. 知识服务、价值共创与创新绩效——基于扎根理论的多案例研究 [J]. 科学学研究, 2015, 33 (4): 567 - 573.

[195] 周云, 卢钊. 城市社区养老服务供应链中的瓶颈与对策探研——基于对武汉市的调查 [J]. 经济体制改革, 2018 (1): 59 - 66.

[196] 朱雷, 黎建强, 汪明. 不确定条件下应急管理人力供应链多功能资源配置鲁棒优化问题 [J]. 系统工程理论与实践, 2015, 7 (3): 736 - 742.

[197] 朱立龙, 郭鹏菲. 政府约束机制下农产品质量安全监管三方演化博弈及仿真分析 [J]. 系统工程, 2017, 35 (12): 75 - 80.

[198] 朱晓静. 社会工作嵌入社区治理的专业挑战——基于一个政府购买服务项目的分析 [J]. 重庆工商大学学报 (社会科学版), 2021, 38 (5): 88 - 97.

[199] 宗璞. 政府向社会力量购买公共服务的风险识别及预警 [J]. 山东行政学院学报, 2019 (2): 16 - 22.